I0012408

Nota a los lectores:

Esta publicación contiene las opiniones e ideas de su autor. Su intención es ofrecer material útil e informativo sobre el tema tratado.

Las estrategias señaladas pueden no ser apropiadas para todos los individuos y no se garantiza que produzca ningún resultado en particular.

Este libro se vende bajo el supuesto de que ni el autor, ni el editor, ni la imprenta se dedican a prestar asesoría o servicios profesionales legales, financieros, de contaduría, psicológica u otros.

El lector deberá consultar a un profesional capacitado antes de adoptar las sugerencias de este libro o sacar conclusiones de él.

No se da ninguna garantía respecto a la precisión o integridad de la información o referencias incluidas aquí, y tanto el autor, como el editor y la imprenta y todas las partes implicadas en el diseño de portada y distribución niegan específicamente cualquier responsabilidad por obligaciones, pérdidas o riesgos, personales o de otro tipo, en que se incurra como consecuencia, directa o indirecta, del uso y aplicación de cualquier contenido del libro.

Este libro no podrá ser reproducido, ni total ni parcialmente, sin el previo permiso escrito del autor.

Todos los derechos reservados.

Título: Inteligencia Artificial en Acción Transformando Nuestra Vida y Trabajo

Primera edición: Octubre 2024

Autoedición: Francisco Fernández

La publicación de esta obra puede estar sujeta a futuras correcciones y ampliaciones por parte del autor, así como son de su responsabilidad las opiniones que en ella se exponen.

Quedan prohibidas dentro de los límites establecidos por la ley y bajo las prevenciones legalmente previstas la reproducción total o parcial de esta obra por cualquier medio o procedimiento, ya sea electrónico o mecánico, el tratamiento informático, el alquiler o cualquier forma de cesión de la obra sin la autorización escrita de los titulares del copyright.

INTELIGENCIA ARTIFICIAL EN ACCIÓN TRANSFORMANDO NUESTRA VIDA Y TRABAJO

Francisco Fernández

ConectaDos

INTELIGENCIA ARTIFICIAL EN ACCIÓN

TRANSFORMANDO NUESTRA VIDA Y TRABAJO

Introducción

Vivimos en una era de cambios vertiginosos, donde la tecnología avanza a pasos agigantados, redefiniendo constantemente nuestra forma de vivir, trabajar y relacionarnos.

En el centro de esta revolución tecnológica se encuentra la Inteligencia Artificial (IA), una herramienta poderosa que está transformando prácticamente todos los aspectos de nuestra vida cotidiana y profesional.

Desde que comencé a integrar la IA en mi rutina diaria hace poco más de un año, he sido testigo de cómo esta tecnología puede optimizar tareas simples y complejas, mejorar nuestra productividad y ofrecer soluciones personalizadas para nuestros desafíos más cotidianos.

Por ejemplo, utilicé ChatGPT como mi entrenador personal, sin tener conocimientos previos en fitness, y en pocos meses logré perder 11 kg gracias a un plan de ejercicios y nutrición adaptado a mis necesidades específicas.

Este es solo un ejemplo de cómo la IA puede impactar positivamente en nuestra salud y bienestar.

Pero la influencia de la IA va mucho más allá de mejoras individuales. Está democratizando el acceso a herramientas avanzadas que antes solo estaban al alcance de unos pocos privilegiados.

Asistentes personales inteligentes, sistemas de gestión empresarial automatizados, y aplicaciones que personalizan nuestra experiencia en el entretenimiento y la educación son ahora parte integral de nuestra vida diaria.

Esta transformación plantea tanto oportunidades emocionantes como desafíos significativos que debemos abordar de manera proactiva.

A lo largo de este libro, exploraremos en profundidad cómo la IA está revolucionando diferentes sectores y aspectos de nuestra vida, desde la productividad laboral y la salud hasta la educación y la gestión de nuestras marcas personales.

Analizaremos también los desafíos sociales y culturales que surgen con la adopción masiva de la IA, así como las consideraciones éticas y morales que debemos tener en cuenta para asegurar que su implementación beneficie a toda la sociedad de manera equitativa y responsable.

¿Por qué es importante entender la IA hoy?

La IA ya no es una tecnología del futuro; es una realidad presente que está remodelando el mundo a nuestro alrededor.

Comprender sus capacidades, limitaciones y el impacto que tiene en nuestras vidas es crucial para adaptarnos y aprovechar al máximo sus beneficios.

Además, al estar informados sobre los desafíos y riesgos asociados con la IA, podemos contribuir a un desarrollo más ético y sostenible de esta tecnología, asegurando que su evolución se alinee con nuestros valores y necesidades humanas.

Un Viaje Personal y Profesional

Mi experiencia personal y profesional con la IA me ha enseñado que esta tecnología es una herramienta poderosa cuando se utiliza de manera consciente y estratégica.

He visto cómo puede transformar una consultora, optimizar procesos y abrir nuevas oportunidades de negocio, pero también he sido testigo de cómo puede afectar el mercado laboral y plantear dilemas éticos complejos.

Este libro está diseñado para ofrecer una visión comprensiva y equilibrada de la IA, combinando análisis técnicos con reflexiones personales y éticas.

Quiero compartir mis conocimientos y experiencias para ayudarte a navegar por esta revolución tecnológica, brindándote las herramientas y perspectivas necesarias para adaptarte y prosperar en un mundo cada vez más impulsado por la IA.

Toma Acción

Estamos en un punto de inflexión donde nuestras decisiones y acciones determinarán cómo la IA moldeará nuestro futuro.

Es esencial que abordemos esta transformación con una mentalidad abierta, una educación continua y un compromiso ético para asegurar que la IA se utilice para el bien común.

Este libro es una invitación a reflexionar sobre nuestro papel en esta revolución, a prepararnos para los cambios que vienen y a trabajar juntos para construir un futuro donde la tecnología y la humanidad coexistan de manera armoniosa y mutuamente beneficiosa.

¿Qué encontrarás en este libro?

Capítulos detallados que analizan el impacto de la IA en diferentes sectores como la salud, el empleo, la educación y más.

Casos de estudio que ilustran cómo la IA está siendo implementada en la práctica y sus resultados.

Reflexiones éticas y sociales que te invitan a considerar las implicaciones más profundas de la adopción de la IA.

Consejos prácticos para adaptarte y aprovechar las herramientas de IA en tu vida personal y profesional.

Visiones de futuro que te ayudan a imaginar las próximas etapas de la evolución de la IA y cómo prepararte para ellas.

Te invito a embarcarte en este viaje de descubrimiento y aprendizaje, explorando cómo la inteligencia artificial está redefiniendo nuestro mundo y cómo podemos ser parte activa de esta transformación para crear un futuro más eficiente, equitativo y humano.

Tabla de Contenidos

Introducción a la Revolución de la Inteligencia Artificial

Presentación del tema y su relevancia actual.

Breve resumen de los cambios observados desde marzo del año pasado.

La IA en la Vida Cotidiana

Ejemplos prácticos de cómo la IA está integrada en nuestras rutinas diarias.

Caso de uso: Lista de la compra basada en fotos.

La IA como Asistente Personal

Transformación del asistente personal desde personajes multimillonarios hasta la población general.

Impacto en la gestión de tareas personales y familiares.

Productividad y Optimización Laboral

Cómo la IA está cambiando la forma en que trabajamos.

Aumento de la productividad en diferentes sectores.

Impacto de la IA en la Salud y el Fitness

Uso de ChatGPT como entrenador personal.

Historias de éxito y transformación personal.

La IA y el Futuro del Empleo

Análisis de los trabajos más vulnerables a la automatización.

Nuevas oportunidades laborales creadas por la IA.

Desafíos Sociales y Culturales de la IA

Adaptación de la sociedad a la velocidad de los avances tecnológicos.

Retos en la educación y la formación continua.

Ética y Moral en la Inteligencia Artificial

Reflexiones sobre la responsabilidad de las empresas y desarrolladores.

Casos de manipulación y sesgos en la IA.

La IA en la Educación

Implementación de tutores personalizados.

Beneficios y posibles riesgos en el ámbito educativo.

Manipulación de la Información y Deep Fakes

Riesgos de la generación de contenido falso.

Estrategias para combatir la desinformación.

IA y Renta Básica Universal

Propuestas para distribuir equitativamente los beneficios económicos de la IA.

Impacto potencial en la economía y la sociedad.

Regulación y Legislación de la IA

Necesidad de una regulación global.

Iniciativas actuales y desafíos para implementarlas rápidamente.

IA y Creatividad Humana

Colaboración entre humanos e IA en campos creativos como la fotografía y el diseño.

Casos de éxito y aprendizajes.

La Brecha Digital y la Accesibilidad a la IA

Desigualdad en el acceso y uso de tecnologías de IA.

Soluciones para reducir la brecha digital.

Marcas Personales y la IA

Cómo la IA está transformando las marcas personales.

Uso de avatares digitales y contenido generado por usuarios.

La IA en el Servicio al Cliente

Automatización y mejora del servicio al cliente.

Impacto en el empleo y la satisfacción del cliente.

El Futuro de la Conducción Autónoma

Beneficios y desafíos de los vehículos autónomos.

Implicaciones éticas y de seguridad.

Simulaciones de Personalidades y Recuerdos

Ética de interactuar con simulaciones de seres queridos fallecidos.

Impacto emocional y psicológico.

Consejos Prácticos para Adaptarse a la IA

Estrategias para aprender y aprovechar las herramientas de IA.

Importancia del pensamiento crítico y la formación continua.

Conclusiones y Reflexiones Finales

Resumen de los puntos clave discutidos.

Visión hacia el futuro y llamado a la acción para una integración ética y beneficiosa de la IA en la sociedad.

Capítulo 1: Introducción a la Revolución de la Inteligencia Artificial

La inteligencia artificial (IA) no es un concepto futurista reservado para películas de ciencia ficción.

Está aquí, ahora, transformando nuestras vidas de maneras que apenas comenzamos a comprender. Desde tareas simples como crear una lista de la compra basada en unas pocas fotos, hasta funciones más complejas como actuar como entrenador personal, la IA ha penetrado en múltiples aspectos de nuestra rutina diaria.

Recuerdo claramente cómo, desde marzo del año pasado, empecé a utilizar ChatGPT como mi entrenador personal. No tenía ni la menor idea de fitness, pero la IA me diseñó un plan de ejercicios y una nutrición adaptada a mis necesidades.

En pocos meses, había perdido 11 kg. Este es solo un ejemplo de cómo una tecnología aparentemente simple puede tener un impacto profundo en nuestra vida personal.

Pero la revolución de la IA va mucho más allá de la salud y el bienestar individual. Tradicionalmente, visualizamos a personas como Bill Gates o Elon Musk, multimillonarios con asistentes personales que gestionan cada detalle de su vida.

Sin embargo, la IA está democratizando este nivel de asistencia, haciéndolo accesible para todos.

En menos de dos años, podríamos vivir con asistentes de IA 24/7, ayudándonos a gestionar desde las tareas domésticas hasta el trabajo, permitiéndonos hacer más con menos esfuerzo.

Esta transformación no está exenta de desafíos. La sociedad no siempre está preparada para la velocidad a la que avanza la tecnología.

Un área especialmente vulnerable es la salud mental. Los psicólogos, por ejemplo, podrían ser de los primeros profesionales en ver cómo la IA comienza a sustituir algunas de sus funciones.

La capacidad de la IA para ofrecer apoyo sin juzgar es una ventaja significativa, pero también plantea preguntas sobre la autenticidad y la empatía humana.

Además, la IA no solo está cambiando cómo trabajamos, sino también cómo vivimos y nos relacionamos.

Mis hijos, por ejemplo, utilizan IA para tareas creativas que antes requerían más tiempo y esfuerzo.

Mi hija de 7 años ahora puede solicitar a ChatGPT que genere coloreables únicos, fomentando su creatividad sin las limitaciones de las opciones disponibles en línea.

Sin embargo, con grandes poderes vienen grandes responsabilidades. La IA tiene el potencial de aumentar nuestra productividad y mejorar nuestra calidad de vida, pero también puede exacerbar desigualdades sociales y laborales.

Empresas están optando por automatizar procesos que antes requerían equipos enteros, lo que puede llevar a una reducción significativa de puestos de trabajo en ciertos sectores.

Este cambio requiere una adaptación cultural y profesional, donde la formación continua y el desarrollo de nuevas habilidades se conviertan en la norma.

La ética y la moral en el desarrollo y la implementación de la IA también son temas cruciales.

Hemos entrenado a la IA con vastos conocimientos sobre la psique humana, pero esto no significa que la IA tenga una comprensión intrínseca de la verdad o la moralidad.

Las respuestas de la IA están diseñadas para ser plausibles y agradables, lo que a veces puede llevar a la manipulación sutil de la información.

Es vital que como sociedad desarrollemos un pensamiento crítico y establezcamos regulaciones que aseguren que la IA se utilice de manera responsable y beneficiosa para todos.

En este ebook, exploraremos en profundidad cómo la IA está revolucionando diferentes aspectos de nuestra vida, desde la productividad laboral hasta la educación y el bienestar personal.

También discutiremos los desafíos éticos y sociales que enfrentamos y cómo podemos prepararnos para un futuro donde la IA juega un papel central en nuestra sociedad.

La revolución de la IA es una realidad en constante evolución.

Nos encontramos en un punto de inflexión donde debemos decidir cómo queremos que esta tecnología moldee nuestro futuro.

Al entender sus capacidades, sus límites y sus implicaciones éticas, podemos aprovechar al máximo sus beneficios mientras mitigamos sus riesgos.

Este viaje no solo se trata de tecnología, sino de humanidad y de cómo navegamos juntos hacia un mañana más inteligente y equitativo.

Capítulo 2: La IA en la Vida Cotidiana

La inteligencia artificial (IA) ha dejado de ser una tecnología de vanguardia reservada para científicos y grandes corporaciones.

Hoy en día, la IA se ha integrado de manera sutil pero significativa en nuestra vida cotidiana, transformando desde las tareas más simples hasta las más complejas.

La IA está presente en nuestras rutinas diarias, facilitando nuestras actividades, mejorando nuestra productividad y, en muchos casos, redefiniendo nuestra relación con la tecnología.

1. Asistentes Virtuales en el Hogar

Uno de los ejemplos más evidentes de la presencia de la IA en la vida cotidiana son los asistentes virtuales como Alexa de Amazon, Siri de Apple y Google Assistant.

Estos dispositivos han evolucionado para convertirse en centros neurálgicos de nuestras casas inteligentes, permitiéndonos controlar luces, termostatos, sistemas de seguridad y hasta electrodomésticos con simples comandos de voz.

Por ejemplo, imagina llegar a casa después de un largo día de trabajo y simplemente decir: "Alexa, enciende las luces y pon música relajante".

En cuestión de segundos, las luces se iluminan y una melodía suave comienza a sonar, creando un ambiente acogedor sin que tengas que moverte de tu asiento.

2. Personalización de Contenido y Entretenimiento

La IA también ha revolucionado la manera en que consumimos contenido. Plataformas de streaming como Netflix y Spotify utilizan algoritmos de recomendación basados en IA para sugerir películas, series y música que se adapten a nuestros gustos personales.

Estos sistemas analizan nuestro historial de visualización o escucha, identificando patrones y preferencias para ofrecer recomendaciones cada vez más precisas.

Un ejemplo personal de esto es cuando descubres una nueva serie que nunca habrías encontrado por tu cuenta, pero gracias a las recomendaciones de Netflix, terminas disfrutando de una nueva producción que se convierte en tu favorita.

3. Optimización de Tareas Domésticas

La IA también se infiltra en las tareas domésticas, haciendo que nuestras vidas sean más eficientes y menos estresantes.

Robots aspiradores como Roomba utilizan sensores y algoritmos de navegación para limpiar nuestros hogares de manera autónoma, evitando obstáculos y adaptándose a diferentes tipos de superficies.

Además, aplicaciones como ChatGPT pueden ayudarnos a gestionar nuestras listas de tareas, recordarnos citas importantes o incluso generar recetas basadas en los ingredientes que tenemos en la nevera.

Por ejemplo, al tomar una foto de tu nevera llena y luego otra cuando empieza a vaciarse, puedes pedirle a ChatGPT que compare ambas imágenes y te haga una lista de la compra precisa, ahorrándote tiempo y evitando olvidos.

4. Salud y Bienestar Personal

La IA ha encontrado un lugar significativo en el ámbito de la salud y el bienestar personal.

Aplicaciones como Fitbit y Apple Health utilizan algoritmos de IA para monitorear nuestra actividad física, calidad del sueño y otros indicadores de salud, proporcionando retroalimentación personalizada para mejorar nuestro bienestar general.

Un caso notable es el uso de ChatGPT como entrenador personal.

Desde marzo del año pasado, he utilizado esta herramienta para diseñar programas de ejercicios y planes de nutrición adaptados a mis necesidades.

Aunque no tenía conocimientos previos en fitness, la IA me guió paso a paso, ajustando los entrenamientos según mi progreso y ayudándome a alcanzar mis objetivos de manera efectiva.

5. Educación y Aprendizaje Continuo

La IA está transformando también el ámbito educativo, ofreciendo herramientas que facilitan el aprendizaje personalizado y adaptativo.

Plataformas como Duolingo utilizan algoritmos de IA para ajustar las lecciones según el progreso del usuario, mientras que tutores virtuales como los desarrollados por OpenAI pueden asistir a estudiantes en materias complejas, proporcionando explicaciones detalladas y respondiendo a preguntas específicas.

En el ámbito empresarial, mi consultora utiliza la IA para capacitar a empleados en nuevas tecnologías y procesos, asegurando que la formación sea continua y adaptada a las necesidades específicas de cada individuo.

Este enfoque no solo mejora la eficiencia del aprendizaje, sino que también fomenta una cultura de adaptación y crecimiento constante.

6. Comunicación y Relaciones Interpersonales

La IA también ha cambiado la forma en que nos comunicamos y mantenemos relaciones interpersonales.

Aplicaciones de traducción en tiempo real como Google Translate utilizan IA para facilitar la comunicación entre personas que hablan diferentes idiomas, eliminando barreras lingüísticas y promoviendo una mayor conectividad global.

Además, herramientas como ChatGPT permiten generar contenido personalizado para mensajes, correos electrónicos y publicaciones en redes sociales, ayudándonos a expresar nuestras ideas de manera más clara y efectiva.

Por ejemplo, si necesitas redactar un correo profesional pero no sabes cómo estructurarlo, ChatGPT puede ofrecerte una plantilla adecuada, adaptada al tono y propósito que deseas.

7. Seguridad y Protección Personal

La IA también desempeña un papel crucial en la mejora de la seguridad personal y la protección de nuestros hogares.

Sistemas de vigilancia inteligentes utilizan algoritmos de reconocimiento facial y detección de movimiento para identificar actividades sospechosas y alertar a los propietarios o a las autoridades en tiempo real.

Un ejemplo de esto es el uso de cámaras de seguridad conectadas a IA que pueden diferenciar entre personas, animales y objetos en movimiento, reduciendo las falsas alarmas y proporcionando una mayor precisión en la identificación de intrusos.

Esto no solo aumenta la seguridad de nuestros hogares, sino que también nos brinda una mayor tranquilidad.

8. Transporte y Movilidad

La IA está revolucionando también el sector del transporte y la movilidad. Los vehículos autónomos, como los desarrollados por Tesla, utilizan complejos sistemas de IA para navegar por las calles, evitando obstáculos y tomando decisiones en tiempo real para garantizar una conducción segura y eficiente.

Además, aplicaciones de transporte compartido como Uber y Lyft utilizan algoritmos de IA para optimizar las rutas, reducir tiempos de espera y mejorar la eficiencia general del servicio.

Estos avances no solo facilitan el desplazamiento diario, sino que también contribuyen a la reducción del tráfico y las emisiones de carbono, promoviendo una movilidad más sostenible.

9. Comercio y Compras Inteligentes

La IA ha transformado la experiencia de compra, tanto en tiendas físicas como en línea. Plataformas de e-commerce como Amazon utilizan algoritmos de recomendación para sugerir productos basados en nuestras preferencias y comportamientos de compra anteriores, haciendo que la experiencia de compra sea más personalizada y eficiente.

Además, chatbots inteligentes pueden asistirnos en el proceso de compra, respondiendo a nuestras preguntas, ayudándonos a encontrar productos específicos y facilitando el proceso de pago.

Esto no solo mejora la experiencia del cliente, sino que también aumenta las tasas de conversión y la satisfacción general.

10. Creatividad y Producción de Contenido

La IA está abriendo nuevas fronteras en el ámbito de la creatividad y la producción de contenido.

Herramientas como MidJourney y DALL-E permiten generar imágenes artísticas a partir de descripciones textuales, facilitando la creación de contenido visual sin necesidad de habilidades avanzadas en diseño gráfico.

En el ámbito de la fotografía, la IA está transformando la manera en que capturamos y editamos imágenes.

Software como Adobe's Generative Fill utiliza algoritmos de IA para eliminar objetos no deseados, mejorar la calidad de las fotos y añadir elementos creativos de manera intuitiva y rápida.

11. Gestión Financiera Personalizada

La IA también está mejorando nuestra gestión financiera personal.

Aplicaciones como Mint y YNAB (You Need A Budget) utilizan algoritmos de IA para analizar nuestros hábitos de gasto, proporcionar recomendaciones personalizadas para ahorrar dinero y ayudarnos a planificar nuestro presupuesto de manera más efectiva.

Además, asesores financieros virtuales utilizan IA para ofrecer consejos de inversión personalizados, adaptados a nuestros objetivos financieros y tolerancia al riesgo.

Esto democratiza el acceso a asesoramiento financiero de calidad, permitiendo a más personas tomar decisiones informadas sobre su dinero.

12. Bienestar Mental y Apoyo Emocional

En el ámbito de la salud mental, la IA está proporcionando nuevas herramientas para el apoyo emocional y la terapia.

Aplicaciones como Woebot utilizan algoritmos de IA para ofrecer conversaciones terapéuticas, ayudando a los usuarios a gestionar el estrés, la ansiedad y otros problemas emocionales de manera accesible y discreta.

Aunque estos asistentes virtuales no reemplazan a los profesionales de la salud mental, pueden complementar el apoyo que reciben las personas, proporcionando una primera línea de ayuda y facilitando el acceso a recursos útiles.

13. Innovaciones en el Lugar de Trabajo

La IA está transformando también el entorno laboral, mejorando la eficiencia y la colaboración entre equipos.

Herramientas como Slack y Microsoft Teams utilizan IA para organizar conversaciones, priorizar tareas y facilitar la comunicación efectiva entre los miembros del equipo.

Además, plataformas de gestión de proyectos como Asana y Trello integran funciones de IA para prever posibles retrasos, asignar tareas de manera óptima y proporcionar análisis detallados del rendimiento del equipo.

Esto no solo mejora la productividad, sino que también contribuye a un ambiente de trabajo más organizado y colaborativo.

14. Educación y Formación Personalizada

La IA está revolucionando la educación, proporcionando herramientas que facilitan el aprendizaje personalizado y adaptativo.

Plataformas educativas como Coursera y Khan Academy utilizan algoritmos de IA para ajustar el contenido y el ritmo de aprendizaje según las necesidades individuales de cada estudiante.

Además, tutores virtuales basados en IA pueden asistir a los estudiantes en materias complejas, proporcionando explicaciones detalladas y respondiendo a preguntas específicas. Esto no solo mejora la comprensión de los conceptos, sino que también fomenta una mayor autonomía y motivación en el aprendizaje.

15. Integración de la IA en el Comercio Minorista

El comercio minorista se está beneficiando enormemente de la integración de la IA.

Desde la gestión de inventarios hasta la personalización de ofertas, la IA está optimizando cada aspecto del negocio.

Por ejemplo, tiendas como Walmart y Zara utilizan sistemas de IA para predecir tendencias de moda, gestionar inventarios de manera eficiente y ofrecer recomendaciones personalizadas a los clientes.

Además, la realidad aumentada (AR) y la realidad virtual (VR) están siendo potenciadas por la IA para ofrecer experiencias de compra más inmersivas y personalizadas.

Los clientes pueden probar virtualmente ropa, ver cómo quedarían los muebles en su hogar o experimentar productos de manera interactiva antes de realizar una compra, mejorando la experiencia del cliente y aumentando la satisfacción.

16. Transporte Público y Movilidad Urbana

La IA está transformando también el transporte público y la movilidad urbana, haciendo que nuestras ciudades sean más eficientes y sostenibles.

Sistemas de transporte inteligentes utilizan algoritmos de IA para optimizar las rutas de autobuses y trenes, reducir tiempos de espera y mejorar la puntualidad.

Además, aplicaciones de movilidad como Uber y Lyft integran IA para predecir la demanda, optimizar las rutas de los conductores y reducir los tiempos de espera para los pasajeros.

Estas innovaciones no solo mejoran la eficiencia del transporte, sino que también contribuyen a una movilidad más sostenible, reduciendo el tráfico y las emisiones de carbono.

17. Seguridad y Vigilancia Inteligente

La IA también desempeña un papel crucial en la mejora de la seguridad y la vigilancia inteligente.

Cámaras de seguridad equipadas con algoritmos de reconocimiento facial y detección de movimiento pueden identificar actividades sospechosas en tiempo real, alertando a los propietarios o a las autoridades de manera inmediata.

Por ejemplo, en entornos comerciales, la IA puede analizar el comportamiento de los clientes para prevenir robos o identificar patrones inusuales que podrían indicar actividades delictivas. Esto no solo mejora la seguridad, sino que también brinda una mayor tranquilidad a los propietarios y empleados.

18. Agricultura y Gestión de Recursos Naturales

En el ámbito agrícola, la IA está revolucionando la manera en que gestionamos los recursos naturales y optimizamos la producción.

Drones equipados con sensores y algoritmos de IA pueden monitorear el estado de los cultivos, identificar plagas o enfermedades y recomendar acciones correctivas de manera precisa y oportuna.

Además, sistemas de riego inteligentes utilizan datos en tiempo real para ajustar el uso del agua, garantizando un uso eficiente de este recurso vital y promoviendo prácticas agrícolas sostenibles.

Estas innovaciones no solo aumentan la productividad, sino que también contribuyen a la conservación del medio ambiente.

19. IA y Creatividad en la Moda

La industria de la moda también está experimentando una transformación significativa gracias a la IA.

Diseñadores utilizan algoritmos para analizar tendencias, predecir demandas y crear diseños innovadores que se adapten a las preferencias cambiantes de los consumidores.

Herramientas como MidJourney permiten generar imágenes artísticas a partir de descripciones textuales, facilitando la creación de conceptos de diseño sin necesidad de habilidades avanzadas en dibujo.

Esto democratiza el proceso creativo, permitiendo a más personas participar en la creación de moda y fomentar la innovación en el sector.

20. Futuro de la IA en la Vida Cotidiana

Mirando hacia el futuro, la integración de la IA en la vida cotidiana continuará expandiéndose, abarcando nuevos ámbitos y transformando aún más nuestras rutinas diarias.

Desde hogares completamente automatizados hasta ciudades inteligentes que optimizan cada aspecto de la vida urbana, la IA tiene el potencial de crear un entorno más eficiente, sostenible y conectado.

Sin embargo, esta expansión también traerá consigo desafíos que deberán ser abordados con responsabilidad y ética.

La privacidad, la seguridad, la equidad y la sostenibilidad serán aspectos cruciales que deberán ser considerados para garantizar que la IA beneficie a toda la sociedad de manera equitativa y justa.

Conclusión

La IA ya no es una tecnología del futuro; es una realidad que está moldeando nuestras vidas de múltiples maneras.

Desde asistentes virtuales en el hogar hasta optimización de tareas laborales y personalización de contenido, la IA está presente en casi todos los aspectos de nuestra rutina diaria.

Esta revolución tecnológica nos ofrece innumerables beneficios, pero también plantea desafíos que requieren una adaptación cultural y una reflexión ética profunda.

Capítulo 3: La IA como Asistente Personal

En el corazón de la revolución de la inteligencia artificial (IA) se encuentra un cambio fundamental en la manera en que gestionamos nuestras vidas diarias: la incorporación de la IA como asistente personal.

Este capítulo explora cómo la IA está redefiniendo el concepto de asistencia, transformando desde la gestión de tareas simples hasta la optimización de nuestra productividad laboral, y cómo podemos adaptarnos a este nuevo paradigma.

1. Evolución de los Asistentes Personales

Hace apenas una década, los asistentes virtuales eran una novedad limitada a dispositivos de alta gama y estaban lejos de ser parte integral de nuestras vidas.

Con el avance de la IA, herramientas como Siri de Apple, Alexa de Amazon, Google Assistant y, por supuesto, ChatGPT de OpenAI, han evolucionado para convertirse en compañeros omnipresentes en nuestros hogares y dispositivos móviles.

Recuerdo cuando instalé por primera vez ChatGPT en mi rutina diaria.

Al principio, lo veía como una herramienta más para responder preguntas o resolver dudas rápidas.

Sin embargo, rápidamente me di cuenta del potencial que tenía para transformar la manera en que organizaba mi tiempo y gestionaba mis responsabilidades tanto personales como profesionales.

2. Gestión de Tareas Diarias

Uno de los aspectos más evidentes de la IA como asistente personal es su capacidad para gestionar tareas diarias de manera eficiente.

Desde recordatorios de citas y eventos hasta la creación de listas de tareas y la organización del calendario, la IA puede asumir una carga significativa de nuestras responsabilidades administrativas.

Por ejemplo, utilizo ChatGPT para programar mis reuniones y enviar recordatorios automáticos a mis colaboradores.

Esta automatización no solo ahorra tiempo, sino que también reduce la posibilidad de olvidar compromisos importantes. Además, la IA puede analizar mis patrones de trabajo y sugerir ajustes en mi agenda para maximizar mi productividad y minimizar el estrés.

3. Optimización de la Productividad Laboral

Más allá de las tareas básicas, la IA como asistente personal puede desempeñar un papel crucial en la optimización de la productividad laboral.

Herramientas avanzadas de IA pueden analizar grandes volúmenes de datos, identificar patrones y ofrecer insights que de otra manera pasarían desapercibidos.

En mi consultora, por ejemplo, utilizamos ChatGPT para automatizar la generación de informes y análisis de datos.

Esto ha permitido que nuestro equipo se concentre en tareas más estratégicas y creativas, aumentando significativamente nuestra eficiencia y calidad de trabajo.

La IA actúa como un copiloto, proporcionando apoyo en tiempo real y permitiéndonos tomar decisiones más informadas y rápidas.

4. Personalización y Adaptabilidad

Una de las mayores ventajas de la IA como asistente personal es su capacidad para adaptarse y personalizar sus funciones según nuestras necesidades individuales.

A medida que interactuamos más con la IA, esta aprende de nuestras preferencias y hábitos, ofreciendo soluciones cada vez más precisas y adecuadas.

Por ejemplo, al utilizar aplicaciones de gestión de proyectos integradas con IA, como Asana o Trello, la IA puede priorizar tareas automáticamente basándose en nuestras metas y plazos.

Además, puede sugerir recursos adicionales o reasignar tareas para equilibrar la carga de trabajo, asegurando que cada miembro del equipo opere de manera óptima.

5. Integración con Dispositivos y Plataformas

La verdadera potencia de la IA como asistente personal radica en su capacidad para integrarse de manera fluida con una variedad de dispositivos y plataformas.

Desde smartphones y computadoras hasta sistemas de hogar inteligente y vehículos autónomos, la IA puede actuar como un puente que conecta todos estos elementos en una red cohesiva y funcional.

En mi hogar, por ejemplo, utilizo una combinación de dispositivos inteligentes controlados por IA.

Puedo ajustar la temperatura, encender las luces, reproducir música o incluso iniciar una videoconferencia con un simple comando de voz.

Esta integración no solo simplifica la gestión del hogar, sino que también crea un entorno más cómodo y eficiente.

6. Impacto en la Salud y el Bienestar

La IA como asistente personal también tiene un impacto significativo en nuestra salud y bienestar. Aplicaciones de fitness, seguimiento de la salud y gestión del estrés utilizan algoritmos de IA para ofrecer recomendaciones personalizadas basadas en nuestros datos de salud y hábitos de vida.

Un ejemplo personal es el uso de ChatGPT para diseñar un plan de ejercicios y nutrición.

Sin conocimientos previos en fitness, la IA me proporcionó un programa adaptado a mis necesidades específicas, ayudándome a perder peso y mejorar mi condición física de manera efectiva.

Además, aplicaciones como Woebot utilizan IA para ofrecer apoyo emocional y gestionar el estrés, complementando el trabajo de los profesionales de la salud mental.

7. Consideraciones Éticas y de Privacidad

A pesar de sus innumerables beneficios, la integración de la IA como asistente personal plantea importantes consideraciones éticas y de privacidad. La recopilación y el análisis de datos personales son fundamentales para el funcionamiento de estos asistentes, lo que puede generar preocupaciones sobre la seguridad y el uso indebido de la información.

Es crucial que las empresas desarrolladoras de IA implementen robustos protocolos de seguridad y transparencia, garantizando que los datos de los usuarios se manejen de manera responsable y respetando su privacidad.

Además, los usuarios deben estar informados sobre cómo se utilizan sus datos y tener control sobre qué información comparten con sus asistentes de IA.

8. Futuro de la IA como Asistente Personal

Mirando hacia el futuro, la IA como asistente personal promete ser aún más avanzada y omnipresente.

Con el desarrollo continuo de la IA general (AGI), estos asistentes podrían llegar a comprender y anticipar nuestras necesidades de manera aún más intuitiva y proactiva.

Imaginemos un mundo donde la IA no solo gestiona nuestras tareas, sino que también nos ayuda a alcanzar nuestras metas personales y profesionales, actuando como un mentor virtual que nos guía en cada paso del camino.

Este nivel de asistencia podría transformar radicalmente la manera en que vivimos y trabajamos, potenciando nuestras capacidades y permitiéndonos enfocarnos en lo que realmente importa.

9. Adaptación y Preparación para la IA

Para aprovechar al máximo la IA como asistente personal, es fundamental que nos adaptemos y aprendamos a utilizar estas herramientas de manera efectiva.

La formación continua y el desarrollo de habilidades en el uso de la IA serán esenciales para integrarla de manera armoniosa en nuestras vidas y trabajos.

Además, fomentar una cultura de adaptación y flexibilidad dentro de las organizaciones facilitará la transición hacia un entorno laboral potenciado por la IA, asegurando que todos los miembros del equipo puedan beneficiarse de sus capacidades sin sentirse amenazados por su presencia.

10. Conclusión

La IA como asistente personal representa una de las aplicaciones más transformadoras de esta tecnología en nuestra vida cotidiana. Desde la gestión de tareas diarias hasta la optimización de la productividad laboral y el apoyo en la salud y el bienestar, la IA está redefiniendo nuestra relación con la tecnología y abriendo nuevas posibilidades para mejorar nuestra calidad de vida.

Sin embargo, esta revolución también trae consigo desafíos que debemos abordar con responsabilidad y ética. La privacidad, la seguridad y la equidad son aspectos cruciales que requieren nuestra atención para garantizar que la IA beneficie a toda la sociedad de manera justa y equitativa.

Capítulo 4: Productividad y Optimización Laboral

La inteligencia artificial (IA) está redefiniendo el panorama laboral de maneras que antes parecían inimaginables. Desde la automatización de tareas repetitivas hasta la optimización de procesos complejos, la IA se ha convertido en una herramienta esencial para mejorar la productividad y la eficiencia en diversos sectores.

Este capítulo explora cómo la IA está transformando el entorno laboral, aumentando la eficiencia, creando nuevas oportunidades y planteando desafíos significativos que requieren una adaptación proactiva por parte de profesionales y organizaciones.

1. Automatización de Tareas Repetitivas

Uno de los impactos más evidentes de la IA en el ámbito laboral es la automatización de tareas repetitivas y mundanas.

Procesos que antes requerían una intervención humana constante, como la entrada de datos, la gestión de inventarios o la atención al cliente, ahora pueden ser manejados eficientemente por sistemas de IA.

Esto no solo libera tiempo para que los empleados se concentren en actividades más estratégicas y creativas, sino que también reduce la posibilidad de errores humanos.

Por ejemplo, en mi consultora, hemos implementado ChatGPT para generar informes y análisis de datos.

Antes, esto requería horas de trabajo manual por parte de nuestro equipo, pero ahora la IA puede producir borradores iniciales en minutos.

Esto nos permite revisar y perfeccionar los informes, aumentando nuestra capacidad de entrega sin sacrificar la calidad.

2. Mejora de la Toma de Decisiones

La IA no solo se limita a realizar tareas repetitivas; también está desempeñando un papel crucial en la mejora de la toma de decisiones empresariales. Herramientas avanzadas de análisis de datos y aprendizaje automático pueden procesar grandes volúmenes de información, identificar patrones y prever tendencias que serían difíciles de detectar por el ojo humano.

En mi experiencia, utilizamos sistemas de IA para analizar el comportamiento de nuestros clientes y predecir sus necesidades futuras. Esta capacidad nos permite personalizar nuestras ofertas y estrategias de marketing de manera más efectiva, aumentando nuestras tasas de conversión y satisfacción del cliente.

3. Optimización de Procesos Operativos

La optimización de procesos operativos es otra área donde la IA está marcando una diferencia significativa.

Algoritmos de optimización pueden analizar y mejorar flujos de trabajo, identificando cuellos de botella y proponiendo soluciones para aumentar la eficiencia.

Esto es especialmente útil en sectores como la manufactura, la logística y la gestión de la cadena de suministro.

Por ejemplo, una empresa de logística que implementa IA puede optimizar sus rutas de entrega en tiempo real, teniendo en cuenta factores como el tráfico, las condiciones meteorológicas y las preferencias del cliente. Esto no solo reduce los tiempos de entrega, sino que también minimiza los costos operativos y mejora la satisfacción del cliente.

4. Creación de Nuevas Oportunidades Laborales

Aunque la automatización puede llevar a la eliminación de ciertos puestos de trabajo, la IA también está creando nuevas oportunidades laborales en áreas emergentes.

Profesionales especializados en el desarrollo, implementación y mantenimiento de sistemas de IA son cada vez más demandados. Además, la IA está fomentando la creación de roles que requieren habilidades complementarias, como la interpretación de datos y la gestión de proyectos tecnológicos.

En mi consultora, hemos visto un aumento en la demanda de expertos en IA y análisis de datos. Estos nuevos roles no solo requieren conocimientos técnicos avanzados, sino también la capacidad de interpretar y aplicar los insights generados por la IA para mejorar las estrategias empresariales.

5. Personalización y Adaptación de Herramientas de Trabajo

La IA permite una personalización y adaptación sin precedentes de las herramientas de trabajo, ajustándose a las necesidades individuales de cada empleado.

Aplicaciones como Microsoft Teams y Slack han incorporado funcionalidades basadas en IA que ayudan a organizar las tareas, priorizar mensajes y facilitar la colaboración entre equipos.

Por ejemplo, ChatGPT puede integrarse en plataformas de gestión de proyectos para proporcionar resúmenes automáticos de reuniones, asignar tareas basadas en las competencias de cada miembro del equipo y prever posibles retrasos en los proyectos.

Esta personalización no solo mejora la eficiencia, sino que también contribuye a un ambiente de trabajo más organizado y colaborativo.

6. Formación y Desarrollo Continuo

La implementación de IA en el entorno laboral también resalta la importancia de la formación y el desarrollo continuo. A medida que las tecnologías avanzan, los empleados deben mantenerse actualizados y adquirir nuevas habilidades para aprovechar al máximo las herramientas de IA disponibles.

En mi experiencia, ofrecemos cursos y talleres sobre el uso de herramientas de IA en nuestra consultora, asegurándonos de que nuestro equipo esté preparado para adaptarse a las nuevas tecnologías.

Esta inversión en formación no solo mejora la productividad, sino que también aumenta la moral y la satisfacción laboral al proporcionar a los empleados las herramientas necesarias para crecer profesionalmente.

7. Desafíos y Consideraciones Éticas

A pesar de los numerosos beneficios, la integración de la IA en el entorno laboral presenta desafíos significativos que deben ser abordados con cuidado. La automatización puede llevar a la reducción de puestos de trabajo en ciertos sectores, lo que genera preocupaciones sobre el desempleo y la desigualdad. Además, el uso de IA para la toma de decisiones empresariales plantea cuestiones éticas sobre la transparencia y la responsabilidad.

Es crucial que las empresas implementen estrategias responsables al adoptar tecnologías de IA.

Esto incluye proporcionar apoyo a los empleados afectados por la automatización, garantizar la transparencia en el uso de algoritmos y establecer políticas claras sobre la ética y la responsabilidad en la toma de decisiones basadas en IA.

8. Futuro de la Productividad Laboral con IA

Mirando hacia el futuro, es evidente que la IA continuará desempeñando un papel central en la optimización de la productividad laboral.

Con avances continuos en el aprendizaje automático, el procesamiento del lenguaje natural y la robótica, las posibilidades de mejora en la eficiencia y la creación de valor son ilimitadas.

Sin embargo, para aprovechar al máximo estos avances, es esencial que tanto profesionales como organizaciones adopten una mentalidad de adaptación y aprendizaje continuo.

La capacidad de integrar la IA de manera efectiva en las operaciones diarias y de fomentar una cultura de innovación y colaboración será clave para el éxito en este nuevo paradigma laboral.

9. Adaptación Cultural y Mentalidad Proactiva

La transición hacia un entorno laboral potenciado por la IA requiere más que solo la implementación de nuevas tecnologías; también requiere una adaptación cultural significativa.

Las organizaciones deben fomentar una mentalidad proactiva y abierta al cambio, donde la innovación y la mejora continua sean valores fundamentales.

Esto implica promover la colaboración entre humanos y máquinas, donde la IA se vea como una herramienta complementaria que potencia las capacidades humanas en lugar de una amenaza.

Además, es vital que las empresas establezcan canales de comunicación efectivos para que los empleados puedan expresar sus preocupaciones y recibir apoyo durante el proceso de adaptación.

10. Conclusión

La inteligencia artificial está transformando radicalmente la productividad y la optimización laboral, ofreciendo oportunidades sin precedentes para mejorar la eficiencia y crear valor en diversos sectores.

Desde la automatización de tareas repetitivas hasta la mejora de la toma de decisiones y la creación de nuevas oportunidades laborales, la IA se ha convertido en una herramienta indispensable para el éxito empresarial en el siglo XXI.

Sin embargo, esta transformación también plantea desafíos significativos que requieren una adaptación cultural y una reflexión ética profunda.

Las organizaciones y los profesionales deben estar preparados para abrazar el cambio, invertir en formación continua y adoptar estrategias responsables para maximizar los beneficios de la IA mientras mitigan sus riesgos.

Capítulo 5: Impacto de la IA en la Salud y el Fitness

La inteligencia artificial (IA) está revolucionando innumerables aspectos de nuestra vida, y uno de los campos donde su influencia es más palpable es en la salud y el fitness.

Desde aplicaciones que monitorean nuestra actividad física hasta asistentes virtuales que nos guían en nuestros entrenamientos, la IA está transformando la manera en que cuidamos de nuestro bienestar físico y mental.

Este capítulo explora cómo la IA está mejorando nuestra salud, optimizando nuestros hábitos de ejercicio y ofreciendo soluciones personalizadas para alcanzar nuestros objetivos de fitness.

1. Monitoreo y Seguimiento de la Salud

Una de las aplicaciones más comunes de la IA en la salud es el monitoreo y seguimiento de nuestra actividad física y bienestar general.

Dispositivos como smartwatches y bandas de fitness utilizan algoritmos de IA para analizar datos en tiempo real sobre nuestra actividad diaria, ritmo cardíaco, calidad del sueño y más.

Por ejemplo, dispositivos como Fitbit y Apple Watch recopilan una gran cantidad de datos sobre nuestro comportamiento diario.

La IA procesa esta información para ofrecer insights personalizados, como sugerencias para mejorar la calidad del sueño, recomendaciones de ejercicio basadas en nuestros niveles de actividad y alertas cuando detecta patrones inusuales que podrían indicar problemas de salud.

2. Asistentes Virtuales de Fitness

La IA también ha irrumpido en el ámbito del fitness con la creación de asistentes virtuales personalizados. Herramientas como ChatGPT pueden actuar como entrenadores personales, diseñando planes de ejercicio y nutrición adaptados a nuestras necesidades específicas.

Desde marzo del año pasado, he utilizado ChatGPT como mi entrenador personal.

No tenía conocimientos previos en fitness, pero la IA me diseñó un plan de ejercicios y una nutrición adaptada a mis necesidades. En pocos meses, había perdido 11 kg y mejorado significativamente mi condición física.

Esta experiencia demuestra cómo la IA puede ofrecer un apoyo personalizado y efectivo, incluso para aquellos que no tienen experiencia previa en el ámbito del fitness.

3. Aplicaciones de Salud Mental

Más allá del bienestar físico, la IA también está impactando positivamente en la salud mental.

Aplicaciones como Woebot utilizan algoritmos de IA para ofrecer apoyo emocional y terapia conversacional, ayudando a los usuarios a gestionar el estrés, la ansiedad y otros problemas emocionales.

Estas herramientas proporcionan una primera línea de ayuda accesible y discreta, complementando el trabajo de los profesionales de la salud mental.

Aunque no reemplazan a un terapeuta humano, pueden ser una herramienta valiosa para aquellos que buscan apoyo adicional en su bienestar emocional.

4. Diagnóstico y Tratamiento Médico

La IA está transformando también el campo médico, mejorando la precisión y eficiencia de los diagnósticos y tratamientos.

Algoritmos de aprendizaje automático pueden analizar grandes volúmenes de datos médicos para identificar patrones que podrían pasar desapercibidos para los profesionales de la salud.

Por ejemplo, herramientas de IA están siendo utilizadas para detectar enfermedades como el cáncer en etapas tempranas, analizando imágenes médicas con una precisión impresionante.

Esto no solo acelera el proceso de diagnóstico, sino que también aumenta las tasas de éxito en el tratamiento, salvando vidas y mejorando la calidad de vida de los pacientes.

5. Optimización de la Nutrición

La IA también está revolucionando la manera en que gestionamos nuestra nutrición.

Aplicaciones como MyFitnessPal y Noom utilizan algoritmos de IA para ofrecer recomendaciones dietéticas personalizadas, basadas en nuestros hábitos alimenticios y objetivos de salud.

Estas herramientas pueden analizar nuestra ingesta calórica, identificar deficiencias nutricionales y sugerir cambios en la dieta para mejorar nuestra salud general.

Al proporcionar un enfoque personalizado, la IA facilita la adopción de hábitos alimenticios más saludables y sostenibles.

6. Entrenamiento Inteligente y Realidad Aumentada

La integración de la IA con tecnologías emergentes como la realidad aumentada (AR) está creando nuevas oportunidades en el ámbito del fitness.

Aplicaciones que combinan IA y AR pueden ofrecer entrenamientos inmersivos y interactivos, adaptando los ejercicios en tiempo real según nuestro rendimiento y progreso.

Por ejemplo, programas de entrenamiento virtual pueden utilizar la cámara de nuestro dispositivo para corregir nuestra postura y técnica durante los ejercicios, proporcionando retroalimentación instantánea y personalizada.

Esto no solo mejora la efectividad de los entrenamientos, sino que también reduce el riesgo de lesiones.

7. Educación y Formación en Salud

La IA también está desempeñando un papel crucial en la educación y formación en salud.

Plataformas educativas utilizan algoritmos de IA para ofrecer contenido personalizado y adaptativo, facilitando el aprendizaje continuo para profesionales de la salud y entusiastas del fitness.

En mi consultora, utilizamos ChatGPT para capacitar a empleados en nuevas tecnologías y procesos relacionados con la salud y el bienestar. Esta formación personalizada asegura que nuestro equipo esté siempre al día con las últimas tendencias y herramientas en el campo, mejorando nuestra capacidad para ofrecer servicios de alta calidad a nuestros clientes.

8. Telemedicina y Consultas Virtuales

La telemedicina ha ganado un impulso significativo gracias a la IA, facilitando consultas médicas virtuales y accesibles para personas en cualquier lugar del mundo.

Herramientas de IA pueden asistir a los médicos en el diagnóstico y tratamiento de pacientes a distancia, mejorando el acceso a la atención médica y reduciendo las barreras geográficas.

Por ejemplo, aplicaciones de telemedicina equipadas con IA pueden analizar los síntomas reportados por los pacientes, ofrecer diagnósticos preliminares y recomendar tratamientos adecuados, todo en tiempo real.

Esto no solo mejora la eficiencia del sistema de salud, sino que también garantiza que los pacientes reciban atención oportuna y precisa.

9. Gestión de Enfermedades Crónicas

La IA está desempeñando un papel vital en la gestión de enfermedades crónicas, proporcionando herramientas para el monitoreo continuo y el manejo personalizado de condiciones de salud a largo plazo.

Aplicaciones y dispositivos inteligentes utilizan algoritmos de IA para rastrear los síntomas, medir los indicadores de salud y ofrecer recomendaciones personalizadas para el manejo de la enfermedad.

Por ejemplo, pacientes con diabetes pueden utilizar dispositivos que monitorean sus niveles de glucosa en sangre en tiempo real, enviando datos a aplicaciones de IA que les proporcionan recomendaciones sobre la dieta y la medicación.

Esto facilita un manejo más efectivo de la enfermedad, reduciendo complicaciones y mejorando la calidad de vida.

10. Futuro de la IA en la Salud y el Fitness

Mirando hacia el futuro, el impacto de la IA en la salud y el fitness solo crecerá, ofreciendo soluciones cada vez más avanzadas y personalizadas.

Con el desarrollo continuo de tecnologías como el aprendizaje profundo y la biotecnología, la IA tendrá el potencial de revolucionar aún más el cuidado de la salud y el bienestar personal.

Sin embargo, este avance también plantea desafíos éticos y de privacidad que deben ser abordados de manera proactiva.

Es crucial que las empresas y desarrolladores de IA implementen prácticas responsables y transparentes para garantizar que estas tecnologías beneficien a todos de manera equitativa y respeten la privacidad y los derechos de los individuos.

Conclusión

La inteligencia artificial está transformando profundamente el ámbito de la salud y el fitness, ofreciendo herramientas innovadoras que mejoran nuestra calidad de vida y optimizan nuestra gestión del bienestar personal.

Desde el monitoreo de la salud y la personalización de entrenamientos hasta el apoyo en la salud mental y la optimización de tratamientos médicos, la IA está redefiniendo cómo cuidamos de nosotros mismos y de los demás.

No obstante, con estos avances vienen responsabilidades significativas. Es esencial abordar los desafíos éticos y de privacidad que surgen con la integración de la IA en la salud, garantizando que estas tecnologías se utilicen de manera justa y beneficiosa para toda la sociedad.

Al adoptar una mentalidad de adaptación y aprendizaje continuo, podemos aprovechar al máximo los beneficios de la IA mientras mitigamos sus riesgos, construyendo un futuro donde la tecnología y la humanidad coexistan de manera armoniosa y mutuamente beneficiosa.

Capítulo 6: La IA y el Futuro del Empleo

La inteligencia artificial (IA) está transformando el mercado laboral de manera profunda y rápida. Desde la automatización de tareas rutinarias hasta la creación de nuevas oportunidades profesionales, la IA está redefiniendo qué trabajos son necesarios y cómo se desempeñan.

La IA está impactando en el empleo, identificando los trabajos más vulnerables a la automatización, las nuevas oportunidades creadas y las estrategias para adaptarse a este cambiante panorama laboral.

1. Automatización de Puestos de Trabajo

La automatización impulsada por la IA está reemplazando tareas repetitivas y rutinarias en diversos sectores.

Trabajos en manufactura, atención al cliente y administración están siendo automatizados, reduciendo la necesidad de mano de obra humana en estas áreas.

Ejemplo: En una redacción de Inglaterra, un jefe de redactores inicialmente utilizó IA para generar esqueletos de artículos, lo que permitió aumentar la producción de dos a tres artículos por día. Sin embargo, con el tiempo, la dirección decidió que la IA podía escribir los artículos completos, reduciendo el equipo de 60 a 20 redactores.

2. Creación de Nuevas Oportunidades Laborales

Aunque algunos empleos están siendo eliminados, la IA también está creando nuevas oportunidades en campos emergentes. Profesiones como científicos de datos, ingenieros de IA y especialistas en ética de la tecnología están en alta demanda.

Ejemplo Personal: En mi consultora, la implementación de ChatGPT no solo optimizó nuestra producción, sino que también generó nuevos roles especializados en análisis de datos y gestión de proyectos de IA.

3. Reentrenamiento y Capacitación Continua

La adaptación al impacto de la IA en el empleo requiere un enfoque en la educación y el reentrenamiento.

Las empresas y los individuos deben invertir en el desarrollo de nuevas habilidades para mantenerse relevantes en el mercado laboral.

Estrategia: Ofrecer programas de formación continua en habilidades digitales y de gestión de IA para empleados actuales, facilitando la transición hacia roles más estratégicos y menos rutinarios.

4. Impacto en Diferentes Sectores

La IA afecta de manera distinta a cada sector. Mientras que la manufactura y la logística experimentan una alta automatización, sectores como la salud y la educación están viendo una colaboración creciente entre humanos y máquinas.

Caso de Uso: En el sector de la salud, la IA está asistiendo a médicos en diagnósticos más precisos y rápidos, mientras que, en la educación, tutores virtuales personalizados están mejorando la experiencia de aprendizaje de los estudiantes.

5. Desafíos Sociales y Económicos

La rápida adopción de la IA plantea desafíos significativos, incluyendo el desempleo estructural y la desigualdad salarial. Es crucial implementar políticas que mitiguen estos efectos negativos y promuevan una distribución equitativa de los beneficios económicos de la IA.

Propuesta: Implementar una renta básica universal financiada por impuestos a la IA para apoyar a aquellos desplazados por la automatización.

6. Estrategias para Adaptarse al Cambio

Para navegar en este nuevo panorama laboral, tanto empresas como individuos deben adoptar estrategias proactivas:

Empresas: Invertir en la formación de sus empleados y fomentar una cultura de innovación y adaptación.

Individuos: Desarrollar habilidades en áreas complementarias a la IA, como la creatividad, el pensamiento crítico y la gestión de proyectos.

7. Futuro del Trabajo con IA

Mirando hacia el futuro, es probable que la IA continúe evolucionando, creando un entorno laboral más dinámico y eficiente. Sin embargo, esto requerirá una adaptación constante y una colaboración estrecha entre humanos y máquinas para maximizar los beneficios y minimizar los riesgos.

Visión Personal: Creo que la clave para un futuro laboral exitoso con IA reside en la educación continua y la flexibilidad, permitiendo a los trabajadores adaptarse y evolucionar junto con la tecnología.

Conclusión

La IA está remodelando el futuro del empleo de manera ineludible. Mientras que algunos trabajos desaparecen, otros emergen, ofreciendo nuevas oportunidades para quienes están preparados para adaptarse.

Es esencial que tanto empresas como individuos adopten una mentalidad de aprendizaje continuo y flexibilidad para aprovechar al máximo las ventajas de la IA y mitigar sus desafíos.

Capítulo 7: Desafíos Sociales y Culturales de la IA

La integración de la inteligencia artificial (IA) en la sociedad presenta una serie de desafíos sociales y culturales que deben ser abordados para garantizar una adopción ética y beneficiosa.

Este capítulo explora los principales retos que la IA impone a nuestras estructuras sociales y culturales, así como las posibles soluciones para enfrentar estos desafíos.

1. Desigualdad y Brecha Digital

La adopción de la IA puede exacerbar las desigualdades existentes si no se implementa de manera inclusiva.

La brecha digital, que divide a quienes tienen acceso a tecnologías avanzadas de quienes no, puede ampliarse, creando disparidades en oportunidades educativas y laborales.

Ejemplo: En países en desarrollo, el acceso limitado a tecnologías de IA puede impedir que sus ciudadanos participen plenamente en la economía digital, perpetuando ciclos de pobreza y exclusión.

2. Impacto en la Identidad y las Relaciones Humanas

La creciente presencia de IA en nuestras vidas afecta nuestra identidad y las relaciones interpersonales. La interacción constante con asistentes virtuales y robots puede cambiar la manera en que nos relacionamos con otros seres humanos, potencialmente reduciendo la empatía y la conexión emocional.

Reflexión Personal: Al usar ChatGPT como entrenador personal o asistente, he notado una disminución en las interacciones humanas directas, lo que plantea preguntas sobre el equilibrio entre la tecnología y las relaciones humanas auténticas.

3. Privacidad y Seguridad de los Datos

La IA depende de grandes cantidades de datos para funcionar eficientemente, lo que plantea serias preocupaciones sobre la privacidad y la seguridad de la información personal. El uso indebido de datos puede llevar a violaciones de la privacidad y a la explotación de la información personal.

Caso de Estudio: Empresas que utilizan IA para monitorear la actividad de los empleados deben garantizar que los datos recopilados se manejen de manera ética y se protejan adecuadamente contra accesos no autorizados.

4. Manipulación y Desinformación

La capacidad de la IA para generar contenido convincente plantea el riesgo de manipulación y desinformación. Deepfakes y noticias falsas pueden difundirse rápidamente, afectando la opinión pública y desestabilizando procesos democráticos.

Ejemplo Real: Un abogado en Estados Unidos utilizó ChatGPT para crear jurisprudencia ficticia, lo que resultó en un juicio basado en información falsa, demostrando cómo la IA puede ser utilizada de manera malintencionada.

5. Cambio en la Cultura Laboral

La incorporación de la IA en el lugar de trabajo está cambiando la cultura laboral, promoviendo una mayor eficiencia, pero también generando estrés y presión para adaptarse rápidamente a nuevas tecnologías. La necesidad de habilidades digitales y la constante actualización pueden aumentar la carga cognitiva de los empleados.

Estrategia: Fomentar un ambiente de apoyo y formación continua dentro de las empresas para ayudar a los empleados a adaptarse y prosperar en un entorno laboral impulsado por la IA.

6. Erosión de la Confianza en las Instituciones

La automatización y la toma de decisiones basadas en IA pueden erosionar la confianza en las instituciones si no se implementan con transparencia y responsabilidad.

La falta de comprensión sobre cómo funcionan los algoritmos y quién es responsable de sus decisiones puede generar desconfianza entre la población.

Propuesta: Implementar políticas de transparencia y rendición de cuentas en el desarrollo y uso de sistemas de IA, asegurando que las decisiones automatizadas sean explicables y justas.

7. Resistencia al Cambio y Miedo a lo Desconocido

El rápido avance de la IA genera resistencia al cambio y miedo a lo desconocido entre la población.

La incertidumbre sobre el futuro laboral y la percepción de que la IA puede reemplazar a los seres humanos en múltiples roles alimentan la ansiedad y la oposición hacia esta tecnología.

Solución: Promover la educación y la concienciación sobre los beneficios y limitaciones de la IA, ayudando a la sociedad a entender y aceptar su integración gradual.

8. Ética en el Desarrollo y Uso de la IA

La ética juega un papel fundamental en el desarrollo y uso de la IA. Es crucial que los desarrolladores y las empresas consideren las implicaciones éticas de sus tecnologías, asegurando que la IA se utilice de manera justa, equitativa y respetuosa con los derechos humanos.

Ejemplo de Buenas Prácticas: Empresas que implementan comités de ética y realizan evaluaciones de impacto para garantizar que sus sistemas de IA no perpetúen sesgos o discriminen a ciertos grupos.

9. Educación y Adaptación Cultural

Para enfrentar los desafíos sociales y culturales de la IA, es necesario una educación adaptada que prepare a las futuras generaciones para convivir y colaborar con esta tecnología. La inclusión de la alfabetización digital y la ética de la tecnología en los currículos educativos es esencial.

Iniciativa Personal: En mi consultora, promovemos la formación continua y la educación sobre IA entre nuestros empleados, asegurando que comprendan tanto sus beneficios como sus riesgos y puedan utilizarla de manera responsable.

10. Conclusión

La integración de la IA en nuestra sociedad presenta una serie de desafíos sociales y culturales que requieren una atención cuidadosa y proactiva. Desde la desigualdad y la privacidad hasta la manipulación de la información y el cambio en la cultura laboral, es crucial abordar estos retos de manera ética y equitativa.

Al fomentar una educación adaptativa, promover la transparencia y la responsabilidad, y garantizar una distribución equitativa de los beneficios de la IA, podemos mitigar sus efectos negativos y construir una sociedad más justa e inclusiva.

Capítulo 8: Ética y Moral en la Inteligencia Artificial

La creciente integración de la inteligencia artificial (IA) en diversos aspectos de nuestra vida diaria plantea importantes cuestiones éticas y morales. Desde la privacidad y la seguridad de los datos hasta la responsabilidad en la toma de decisiones automatizadas, es esencial establecer marcos éticos sólidos para guiar el desarrollo y uso de la IA.

Los principales dilemas éticos asociados con la IA y propone soluciones para abordarlos de manera responsable.

1. Transparencia y Explicabilidad

Uno de los principales desafíos éticos de la IA es la falta de transparencia en cómo funcionan los algoritmos y toman decisiones. La explicabilidad se refiere a la capacidad de entender y justificar las decisiones tomadas por la IA, lo cual es crucial para garantizar la confianza y la responsabilidad.

Ejemplo: En sistemas de reconocimiento facial, es fundamental que los usuarios entiendan cómo se procesan sus datos y cómo se toman las decisiones de identificación para evitar errores y prejuicios.

2. Privacidad y Protección de Datos

La IA requiere grandes volúmenes de datos para funcionar eficazmente, lo que plantea serias preocupaciones sobre la privacidad y la protección de la información personal. Es crucial implementar medidas robustas para asegurar que los datos sean manejados de manera ética y segura.

Propuesta: Adoptar políticas de privacidad estrictas y tecnologías de encriptación avanzadas para proteger los datos de los usuarios y garantizar que se utilicen únicamente para los fines previstos.

3. Sesgos y Discriminación

Los algoritmos de IA pueden perpetuar y amplificar sesgos existentes si no se diseñan y entrenan adecuadamente.

Esto puede llevar a decisiones discriminatorias en ámbitos como la contratación, el crédito y la justicia penal.

Solución: Implementar técnicas de mitigación de sesgos durante el desarrollo de los algoritmos y realizar auditorías regulares para identificar y corregir cualquier sesgo inherente en los sistemas de IA.

4. Responsabilidad y Rendición de Cuentas

Determinar quién es responsable cuando la IA comete errores o toma decisiones perjudiciales es un desafío ético significativo.

La responsabilidad debe ser claramente definida para garantizar que haya rendición de cuentas en caso de fallos.

Ejemplo: En el caso de un vehículo autónomo que causa un accidente, es esencial determinar si la responsabilidad recae en el fabricante del vehículo, el desarrollador del software de IA o el propietario del vehículo.

5. Autonomía y Control Humano

A medida que la IA se vuelve más autónoma, surge la preocupación de que pueda actuar de manera independiente sin supervisión humana adecuada. Mantener el control humano sobre los sistemas de IA es crucial para evitar decisiones no deseadas o perjudiciales.

Propuesta: Establecer límites claros sobre el grado de autonomía de la IA y garantizar que siempre haya una supervisión humana en las decisiones críticas.

6. Impacto en el Empleo y la Economía

La automatización impulsada por la IA puede tener un impacto significativo en el empleo y la economía, generando desempleo en ciertos sectores y cambiando la naturaleza de los trabajos existentes. Es esencial abordar estos cambios de manera ética, asegurando una transición justa para los trabajadores afectados.

Estrategia: Implementar programas de reentrenamiento y educación para ayudar a los trabajadores a adquirir nuevas habilidades y adaptarse a los nuevos roles creados por la IA.

7. Uso Militar y Seguridad

El uso de la IA en aplicaciones militares y de seguridad plantea dilemas éticos sobre el desarrollo y despliegue de tecnologías de armas autónomas. La capacidad de la IA para tomar decisiones letales sin intervención humana directa es una preocupación significativa.

Debate Ético: Establecer regulaciones internacionales que prohíban el desarrollo y uso de armas autónomas y promuevan la investigación responsable en tecnologías de defensa.

8. Inclusión y Accesibilidad

Es fundamental garantizar que los beneficios de la IA sean accesibles para todos, evitando una mayor brecha digital y asegurando que las tecnologías de IA no excluyan a grupos vulnerables o marginados.

Iniciativa: Promover la inclusión digital mediante programas educativos y accesibilidad en el diseño de tecnologías de IA, asegurando que todas las personas puedan beneficiarse de sus ventajas.

9. Dilemas Éticos en la Toma de Decisiones

La IA enfrenta dilemas éticos similares a los que enfrentan los humanos, como el problema del tranvía. Estos dilemas requieren una programación ética cuidadosa para garantizar que las decisiones automatizadas sean justas y morales.

Ejemplo: Un coche autónomo debe decidir entre atropellar a un grupo de niños o a una persona mayor. La programación de la IA en tales escenarios requiere un enfoque ético riguroso para determinar la decisión correcta.

10. Conclusión

La ética y la moral en la inteligencia artificial son aspectos críticos que deben ser abordados para garantizar que esta tecnología se desarrolle y utilice de manera responsable y beneficiosa para la sociedad.

La implementación de marcos éticos sólidos, la mitigación de sesgos, la protección de la privacidad y la responsabilidad en la toma de decisiones son esenciales para construir una relación de confianza entre la humanidad y la IA.

Al abordar estos desafíos éticos, podemos aprovechar al máximo los beneficios de la IA mientras minimizamos sus riesgos, asegurando un futuro donde la tecnología y la humanidad coexistan de manera armoniosa y equitativa.

Capítulo 9: La IA en la Educación

La inteligencia artificial (IA) está transformando el sector educativo, ofreciendo herramientas innovadoras que facilitan el aprendizaje personalizado, mejoran la eficiencia administrativa y amplían el acceso a la educación de calidad.

Este capítulo explora cómo la IA está impactando la educación, sus beneficios, desafíos y el futuro del aprendizaje asistido por tecnología.

1. Aprendizaje Personalizado y Adaptativo

La IA permite la creación de programas de aprendizaje personalizados que se adaptan a las necesidades individuales de cada estudiante.

Algoritmos de aprendizaje automático analizan el progreso y las áreas de mejora de los estudiantes, proporcionando recursos y actividades específicas para optimizar su aprendizaje.

Ejemplo Personal: Utilizo ChatGPT para crear materiales de estudio personalizados para mis cursos de IA, adaptando el contenido a diferentes niveles de conocimiento y estilos de aprendizaje, lo que mejora significativamente la comprensión y retención de los estudiantes.

2. Tutores Virtuales y Asistentes de Enseñanza

Los tutores virtuales basados en IA pueden asistir a los estudiantes fuera del horario escolar, proporcionando ayuda adicional en materias complejas y respondiendo preguntas específicas. Estos asistentes están disponibles las 24 horas, ofreciendo un apoyo constante y accesible.

Caso de Uso: Un estudiante que lucha con problemas de matemáticas puede utilizar un tutor virtual para recibir explicaciones detalladas y resolver dudas en tiempo real, mejorando su rendimiento académico.

3. Evaluación y Retroalimentación Automatizada

La IA facilita la evaluación automatizada de trabajos y exámenes, proporcionando retroalimentación inmediata y precisa. Esto no solo ahorra tiempo a los educadores, sino que también permite a los estudiantes recibir una evaluación continua de su desempeño.

Ejemplo: Utilizando herramientas de IA, puedo automatizar la corrección de exámenes de opción múltiple y proporcionar comentarios personalizados sobre los errores comunes, ayudando a los estudiantes a identificar y corregir sus debilidades.

4. Administración y Gestión Educativa

La IA también está mejorando la eficiencia administrativa en las instituciones educativas.

Desde la gestión de inscripciones hasta la planificación de horarios y la asignación de recursos, la IA puede optimizar estos procesos, reduciendo la carga administrativa y permitiendo que los educadores se concentren en la enseñanza.

Caso de Estudio: En mi consultora educativa, utilizamos sistemas de IA para gestionar la inscripción de estudiantes, asignar clases y optimizar el uso de recursos como aulas y materiales didácticos, mejorando la eficiencia operativa.

5. Acceso a la Educación y Equidad

La IA está ampliando el acceso a la educación de calidad, especialmente en regiones remotas o desfavorecidas.

Plataformas educativas en línea equipadas con IA pueden ofrecer cursos accesibles a personas de todo el mundo, democratizando el acceso al conocimiento.

Ejemplo: Estudiantes en áreas rurales pueden acceder a cursos de alta calidad a través de plataformas impulsadas por IA, superando barreras geográficas y económicas que antes limitaban su acceso a la educación.

6. Aprendizaje Colaborativo y Gamificación

La IA puede fomentar el aprendizaje colaborativo y la gamificación, haciendo que el proceso educativo sea más interactivo y motivador. Algoritmos de IA pueden crear entornos de aprendizaje dinámicos que promueven la participación y el compromiso de los estudiantes.

Caso de Uso: Juegos educativos basados en IA que adaptan la dificultad y el contenido según el rendimiento del estudiante, manteniendo su interés y promoviendo un aprendizaje activo y entretenido.

7. Formación y Desarrollo Profesional

La IA está facilitando la formación y el desarrollo profesional continuo, permitiendo a los profesionales adquirir nuevas habilidades y actualizar sus conocimientos de manera eficiente. Plataformas de e-learning impulsadas por IA pueden ofrecer cursos adaptados a las necesidades específicas de cada individuo y sector.

Ejemplo Personal: Utilizo ChatGPT para diseñar programas de formación en IA para empleados, adaptando el contenido a sus roles específicos y asegurando una capacitación efectiva y relevante.

8. Desafíos y Consideraciones Éticas en la Educación con IA

A pesar de sus numerosos beneficios, la integración de la IA en la educación también presenta desafíos éticos y prácticos. La privacidad de los datos de los estudiantes, la equidad en el acceso a la tecnología y la dependencia excesiva de herramientas automatizadas son cuestiones que deben ser abordadas.

Propuesta: Implementar políticas de privacidad estrictas y asegurar que todas las instituciones educativas tengan acceso equitativo a las herramientas de IA, garantizando que nadie quede rezagado en la era digital.

9. Futuro de la Educación con IA

El futuro de la educación con IA promete una experiencia de aprendizaje aún más personalizada, interactiva y accesible. Con avances continuos en el procesamiento del lenguaje natural y el aprendizaje profundo, la IA podrá ofrecer una asistencia educativa más sofisticada y eficiente.

Visión Personal: Imagino un futuro donde cada estudiante tenga un asistente virtual personalizado que le guíe en su aprendizaje, identifique sus fortalezas y debilidades, y le proporcione recursos específicos para alcanzar su máximo potencial.

10. Conclusión

La inteligencia artificial está transformando el sector educativo, ofreciendo herramientas que mejoran la personalización, la eficiencia y el acceso a la educación.

Sin embargo, es fundamental abordar los desafíos éticos y prácticos asociados con su implementación para garantizar que los beneficios de la IA en la educación sean equitativos y sostenibles.

Al adoptar una estrategia de integración responsable y fomentar una cultura de aprendizaje continuo, podemos aprovechar al máximo el potencial de la IA para enriquecer la educación y preparar a las futuras generaciones para un mundo cada vez más impulsado por la tecnología.

Capítulo 10: Manipulación de la Información y Deep Fakes

La inteligencia artificial (IA) ha avanzado significativamente en la generación y manipulación de contenido, lo que ha dado lugar a fenómenos como los deep fakes y la desinformación masiva.

Este capítulo explora cómo la IA está facilitando la manipulación de la información, sus implicaciones para la sociedad y las estrategias para combatir estos desafíos.

1. Qué son los Deep Fakes

Los deep fakes son contenido multimedia generado o alterado por IA que puede simular de manera realista a personas diciendo o haciendo cosas que nunca ocurrieron.

Utilizando algoritmos de aprendizaje profundo, es posible crear videos, imágenes y audios que son casi indistinguibles de la realidad.

Ejemplo Real: Un abogado en Estados Unidos utilizó ChatGPT para crear jurisprudencia ficticia, lo que llevó a un juicio basado en información falsa, demostrando cómo los deep fakes pueden influir en procesos legales y judiciales.

2. Riesgos de la Manipulación de la Información

La capacidad de la IA para generar contenido creíble presenta serios riesgos para la veracidad de la información. Los deep fakes pueden ser utilizados para difamar a individuos, manipular opiniones públicas y socavar la confianza en las instituciones.

Impacto Social: En elecciones democráticas, la difusión de noticias falsas generadas por IA puede influir en la opinión pública y alterar los resultados de las elecciones, como sucedió con la manipulación de información por parte de actores externos en elecciones pasadas.

3. Automatización de la Desinformación

La IA permite la generación y difusión masiva de desinformación de manera rápida y eficiente. Algoritmos avanzados pueden crear contenido falso en grandes volúmenes, lo que complica la tarea de verificar la veracidad de la información.

Caso de Uso: Plataformas de redes sociales pueden ser inundadas con deep fakes y noticias falsas generadas por IA, lo que dificulta la identificación de contenido verídico y confiable.

4. Estrategias para Combatir la Manipulación de la Información

Para mitigar los riesgos asociados con la manipulación de la información por IA, es esencial implementar estrategias efectivas de detección y verificación de contenido.

Solución Tecnológica: Desarrollar y utilizar herramientas de IA diseñadas para detectar deep fakes y contenido manipulado, mejorando la capacidad de las plataformas y los usuarios para identificar información falsa.

5. Educación y Concienciación Pública

La educación y la concienciación son fundamentales para combatir la manipulación de la información. Los usuarios deben estar informados sobre las capacidades de la IA y cómo reconocer contenido falso.

Iniciativa Personal: La importancia del pensamiento crítico y la verificación de fuentes, capacitando a los individuos para discernir entre información verídica y manipulada.

6. Regulación y Legislación

Es necesario establecer marcos regulatorios que aborden la creación y difusión de contenido manipulado por IA.

Las leyes deben responsabilizar a los creadores y distribuidores de deep fakes y promover la transparencia en el uso de tecnologías de IA.

Propuesta: Implementar legislaciones que obliguen a etiquetar el contenido generado por IA y establecer sanciones para la creación y distribución de deep fakes con intenciones maliciosas.

7. Responsabilidad de las Empresas Tecnológicas

Las empresas que desarrollan y operan plataformas tecnológicas tienen la responsabilidad de implementar medidas efectivas para prevenir la difusión de desinformación y proteger a sus usuarios.

Ejemplo de Buenas Prácticas: Empresas como Facebook y Twitter están invirtiendo en tecnologías de detección de deep fakes y colaborando con organizaciones de verificación de hechos para limitar la propagación de contenido falso.

8. Impacto en la Confianza Pública

La proliferación de deep fakes y desinformación puede erosionar la confianza pública en los medios de comunicación, las instituciones y las interacciones en línea.

Reflexión Personal: He sido testigo de cómo la desinformación generada por IA puede influir en la percepción pública y generar desconfianza en fuentes legítimas de información, subrayando la necesidad de abordar este problema de manera integral.

9. Futuro de la Manipulación de la Información con IA

A medida que la IA continúa avanzando, las técnicas de manipulación de la información se volverán aún más sofisticadas. Es crucial anticipar estos desarrollos y prepararse para enfrentarlos de manera efectiva.

Visión Personal: La colaboración entre desarrolladores de IA, legisladores, educadores y la sociedad en general será esencial para crear un entorno donde la información verídica y confiable prevalezca sobre la desinformación generada por tecnologías avanzadas.

10. Conclusión

La manipulación de la información y los deep fakes representan uno de los mayores desafíos éticos y sociales de la era de la IA. La capacidad de la IA para crear contenido falso y convincente puede tener consecuencias devastadoras para la confianza pública y la integridad de las instituciones.

Para enfrentar estos desafíos, es necesario adoptar un enfoque multifacético que incluya la implementación de tecnologías de detección, la educación pública y la regulación efectiva. Solo a través de estos esfuerzos podremos mitigar los riesgos y asegurar que la IA se utilice de manera responsable y beneficiosa para la sociedad.

Capítulo 11: IA y Renta Básica Universal

La implementación de la inteligencia artificial (IA) está generando cambios significativos en la economía, particularmente en la distribución de la riqueza y el empleo.

Uno de los conceptos más discutidos en este contexto es la renta básica universal (RBU), una propuesta que busca proporcionar a todos los ciudadanos un ingreso garantizado independientemente de su situación laboral.

Este capítulo explora cómo la IA podría influir en la implementación de la RBU y sus posibles implicaciones sociales y económicas.

1. La Renta Básica Universal: Concepto y Objetivos

La RBU es una política social que propone otorgar a cada ciudadano un ingreso fijo y regular, sin condiciones.

Su objetivo principal es garantizar un nivel básico de bienestar, reducir la pobreza y proporcionar seguridad económica en un entorno laboral cada vez más automatizado.

Objetivo Principal: Proveer una red de seguridad económica que permita a las personas cubrir sus necesidades básicas, fomentando la equidad y la inclusión social.

2. Impacto de la IA en el Empleo y la Necesidad de la RBU

La automatización impulsada por la IA está reemplazando trabajos en sectores como la manufactura, la logística y la atención al cliente, aumentando el desempleo y la precariedad laboral.

La RBU se presenta como una solución para mitigar estos efectos, proporcionando un ingreso constante a aquellos desplazados por la tecnología.

Ejemplo: Empresas que adoptan IA para automatizar procesos han visto reducciones significativas en sus equipos de trabajo, lo que genera una mayor demanda de mecanismos de apoyo económico como la RBU.

3. Financiamiento de la Renta Básica Universal

Uno de los mayores desafíos para la implementación de la RBU es su financiamiento.

Con la IA generando mayores beneficios económicos para las empresas, una propuesta es gravar el uso de la IA para financiar la RBU.

Propuesta: Implementar un impuesto a las empresas que utilicen tecnologías de IA, destinando los fondos recaudados a una RBU que beneficie a toda la población.

Esto aseguraría que los beneficios económicos de la IA se distribuyan de manera equitativa.

4. Beneficios de la RBU en una Economía Automatizada

La RBU ofrece múltiples beneficios en una economía impulsada por la IA:

Reducción de la Pobreza: Garantiza un ingreso mínimo para todos, reduciendo la pobreza y la desigualdad.

Fomento de la Innovación: Proporciona seguridad económica, permitiendo a las personas arriesgarse en emprendimientos y proyectos innovadores.

Estabilidad Económica: Al asegurar un ingreso constante, la RBU contribuye a la estabilidad económica y al consumo constante, evitando crisis económicas causadas por el desempleo masivo.

5. Desafíos y Críticas a la Renta Básica Universal

A pesar de sus beneficios, la RBU enfrenta críticas y desafíos:

Costo Financiero: La implementación de una RBU requiere una inversión significativa, lo que plantea dudas sobre su viabilidad económica.

Inflación: Existe el riesgo de que una RBU genere inflación, elevando los precios de bienes y servicios.

Desincentivo al Trabajo: Algunos argumentan que una RBU podría desincentivar el trabajo, aunque estudios sugieren que su impacto en la motivación laboral es limitado.

6. Renta Básica Universal en el Contexto Global

La implementación de la RBU varía según el contexto socioeconómico de cada país. En regiones con alta desigualdad y desempleo, la RBU puede ser una herramienta crucial para garantizar la equidad. Sin embargo, en países con economías más robustas y diversificadas, la RBU podría tener diferentes niveles de impacto y viabilidad.

Ejemplo Regional: En países como España, donde la desigualdad y el desempleo son preocupaciones significativas, una RBU podría desempeñar un papel crucial en la mitigación de los efectos negativos de la automatización.

7. Implementación y Políticas Complementarias

Para que la RBU sea efectiva, debe complementarse con otras políticas sociales y económicas.

Estas pueden incluir la educación y el reentrenamiento laboral, la protección social y la promoción de empleos en sectores no automatizables.

Estrategia: Desarrollar programas de formación continua que preparen a los trabajadores para roles emergentes creados por la IA, asegurando una transición suave hacia una economía más automatizada.

8. Futuro de la Renta Básica Universal con IA

A medida que la IA continúa avanzando, la RBU podría convertirse en una pieza central de las políticas sociales, adaptándose a las cambiantes dinámicas laborales y económicas.

La colaboración internacional y la creación de marcos regulatorios globales serán esenciales para su implementación efectiva.

Visión Personal: La RBU no solo es una solución para la redistribución de la riqueza generada por la IA, sino también una oportunidad para reimaginar la relación entre el trabajo y el bienestar en una sociedad más equitativa y sostenible.

9. Conclusión

La inteligencia artificial está remodelando la economía global, generando tanto oportunidades como desafíos significativos en el ámbito laboral.

La renta básica universal emerge como una propuesta viable para asegurar que los beneficios económicos de la IA se distribuyan de manera equitativa y que la sociedad pueda adaptarse a un entorno laboral en constante cambio.

Aunque su implementación presenta desafíos, una RBU bien diseñada y financiada por impuestos a la IA podría ser una herramienta crucial para garantizar la equidad y la estabilidad económica en el futuro.

Capítulo 12: Regulación y Legislación de la IA

La rápida evolución de la inteligencia artificial (IA) ha superado en muchos casos la capacidad de las legislaciones existentes para regular su desarrollo y uso.

La falta de marcos regulatorios adecuados puede llevar a un uso indebido de la IA, afectando la privacidad, la seguridad y la equidad.

Este capítulo explora la necesidad de una regulación efectiva de la IA, las iniciativas actuales y los desafíos que enfrentan los gobiernos para implementar leyes que aborden los riesgos y maximicen los beneficios de esta tecnología.

1. Necesidad de Regulación en la IA

La IA tiene el potencial de transformar múltiples aspectos de la sociedad, desde la economía y la salud hasta la educación y la seguridad.

Sin embargo, sin una regulación adecuada, estos avances pueden tener consecuencias negativas, como la discriminación algorítmica, la invasión de la privacidad y el uso indebido en aplicaciones militares.

Reflexión Personal: He observado cómo la falta de regulación puede llevar a abusos en el uso de la IA, como la creación de deep fakes y la manipulación de la información, subrayando la necesidad urgente de marcos legales sólidos.

2. Iniciativas Globales de Regulación

Diversos países y organizaciones internacionales están trabajando en la creación de regulaciones para la IA.

La Unión Europea ha sido pionera con su AI Act, que busca establecer normas estrictas para el desarrollo y uso de la IA, clasificando los sistemas de IA según su nivel de riesgo.

Ejemplo Regional: El AI Act de la UE propone regulaciones específicas para sistemas de IA de alto riesgo, como aquellos utilizados en la atención médica y la justicia, exigiendo transparencia, aplicabilidad y control humano en su funcionamiento.

3. Desafíos en la Regulación de la IA

Regular la IA presenta varios desafíos:

Rapidez de la Innovación: La velocidad a la que evoluciona la IA dificulta la creación de leyes que se mantengan al día con los avances tecnológicos.

Colaboración Internacional: La IA es una tecnología global, lo que requiere una cooperación internacional para establecer estándares y evitar lagunas regulatorias.

Balance entre Regulación y Innovación: Es crucial encontrar un equilibrio entre la regulación necesaria para proteger a la sociedad y la flexibilidad para permitir la innovación y el desarrollo tecnológico.

4. Modelos de Regulación Existentes

Diversos modelos de regulación están siendo considerados para la IA, cada uno con sus ventajas y desventajas:

Regulación Basada en Riesgos: Clasifica los sistemas de IA según su nivel de riesgo y aplica regulaciones más estrictas a aquellos de alto riesgo.

Regulación Proactiva vs. Reactiva: La regulación proactiva busca anticipar y prevenir problemas antes de que ocurran, mientras que la reguladora reactiva responde a los problemas una vez que han surgido.

Enfoques Sectoriales: Implementa regulaciones específicas para sectores particulares donde la IA tiene un impacto significativo, como la salud, la educación y la seguridad.

5. Ejemplos de Legislaciones Nacionales

Diferentes países están adoptando enfoques variados para regular la IA:

Estados Unidos: Enfocado en la promoción de la innovación y la competitividad, con iniciativas como la AI Initiative Act que busca coordinar esfuerzos gubernamentales en IA.

China: Ha implementado regulaciones estrictas sobre el uso de la IA, especialmente en áreas como la vigilancia y el reconocimiento facial, priorizando la seguridad y el control estatal.

Unión Europea: Con su AI Act, la UE busca establecer un estándar global para la regulación de la IA, enfocándose en la protección de los derechos fundamentales y la ética.

6. Responsabilidad y Rendición de Cuentas

Es fundamental definir claramente quién es responsable cuando la IA comete errores o toma decisiones perjudiciales.

La responsabilidad debe recaer en los desarrolladores, los operadores y las instituciones que implementan sistemas de IA.

Ejemplo: En el caso de vehículos autónomos, se debe determinar si la responsabilidad recae en el fabricante del vehículo, el desarrollador del software de IA o el propietario del vehículo.

7. Protección de Derechos Humanos

La regulación de la IA debe garantizar la protección de los derechos humanos, evitando la discriminación, garantizando la privacidad y promoviendo la equidad. Los sistemas de IA deben ser diseñados y utilizados de manera que respeten y promuevan los derechos fundamentales.

Propuesta: Implementar estándares de diseño inclusivo y ético en el desarrollo de sistemas de IA, asegurando que no perpetúen sesgos o discriminen a ciertos grupos de la sociedad.

8. Innovación Responsable

La regulación debe fomentar una innovación responsable, promoviendo el desarrollo de tecnologías de IA que sean beneficiosas para la sociedad y minimizando los riesgos asociados. Esto incluye incentivar prácticas éticas y sostenibles en el desarrollo y uso de la IA.

Ejemplo: Ofrecer incentivos fiscales y subvenciones a empresas que implementen prácticas éticas en el desarrollo de sus sistemas de IA, promoviendo un enfoque de desarrollo sostenible y responsable.

9. Cooperación Internacional y Estándares Globales

La cooperación internacional es esencial para establecer estándares globales que regulen el desarrollo y uso de la IA. La colaboración entre países puede facilitar la creación de marcos legales coherentes y efectivos, evitando lagunas regulatorias y promoviendo una regulación uniforme a nivel global.

Iniciativa Global: Organizaciones como la ONU y la OCDE están trabajando en la creación de directrices internacionales para la regulación de la IA, promoviendo una gobernanza global que aborde los desafíos y maximice los beneficios de esta tecnología.

10. Conclusión

La regulación y legislación de la inteligencia artificial es un área crítica que requiere atención urgente y colaborativa.

Para aprovechar al máximo los beneficios de la IA y mitigar sus riesgos, es esencial desarrollar marcos legales que promuevan la innovación responsable, protejan los derechos humanos y garanticen la equidad y la transparencia en el uso de esta tecnología.

La cooperación internacional y la adaptabilidad de las leyes serán clave para enfrentar los desafíos que presenta la rápida evolución de la IA, asegurando que esta tecnología se utilice de manera ética y beneficiosa para toda la sociedad.

Capítulo 13: IA y Creatividad Humana

La inteligencia artificial (IA) está redefiniendo los límites de la creatividad humana, ofreciendo herramientas que potencian la imaginación y facilitan la creación de contenido en diversos campos.

Desde el arte y la música hasta la escritura y el diseño, la IA está colaborando con los humanos para expandir las posibilidades creativas.

Este capítulo explora cómo la IA está influyendo en la creatividad humana, sus beneficios, desafíos y el futuro de esta colaboración.

1. Colaboración Humano-IA en el Arte

La IA está siendo utilizada como una herramienta colaborativa en la creación artística, permitiendo a los artistas explorar nuevas formas de expresión y experimentar con estilos innovadores.

Ejemplo Personal: Utilizo herramientas como MidJourney para generar imágenes artísticas a partir de descripciones textuales, lo que me permite visualizar conceptos creativos que luego puedo refinar y adaptar según mi visión artística.

2. Generación de Música y Composición

En el ámbito musical, la IA está ayudando a compositores a crear nuevas melodías y arreglos, facilitando la experimentación con diferentes géneros y estilos.

Caso de Uso: Plataformas como AIVA (Artificial Intelligence Virtual Artist) utilizan algoritmos de IA para componer música original, ofreciendo a los músicos una base sobre la cual construir sus propias piezas creativas.

3. Escritura y Generación de Contenido

La IA está transformando la escritura y la generación de contenido, ofreciendo asistencia en la creación de textos, desde artículos y blogs hasta guiones y literatura.

Ejemplo Personal: He utilizado ChatGPT para generar borradores de artículos y conferencias, lo que me permite enfocarme en la edición y personalización del contenido, aumentando mi eficiencia y productividad.

4. Diseño Gráfico y Creatividad Visual

Herramientas de diseño gráfico impulsadas por IA están facilitando la creación de imágenes y gráficos de alta calidad, permitiendo a diseñadores explorar nuevas ideas y estilos sin necesidad de habilidades avanzadas en software de diseño.

Ejemplo Personal: Utilizo Adobe's Generative Fill para editar fotos de manera intuitiva, eliminando elementos no deseados y añadiendo detalles creativos con solo unos pocos clics.

5. Innovación en la Moda y el Diseño de Producto

La IA está impulsando la innovación en la industria de la moda y el diseño de productos, analizando tendencias y preferencias de los consumidores para crear diseños personalizados y adaptados a las demandas del mercado.

Caso de Uso: Algoritmos de IA pueden predecir tendencias de moda futuras basándose en datos históricos y actuales, ayudando a los diseñadores a crear colecciones que resuenen con las preferencias cambiantes de los consumidores.

6. Creación de Contenido Multimedia

La IA está facilitando la creación de contenido multimedia, incluyendo videos, animaciones y efectos visuales, permitiendo a los creadores producir contenido de alta calidad de manera más rápida y eficiente.

Ejemplo Personal: Utilizo herramientas de IA para generar resúmenes automáticos de conversaciones y transcribir videos en tiempo real, mejorando la eficiencia en la producción de contenido audiovisual.

7. Desafíos en la Creatividad con IA

A pesar de sus beneficios, la integración de la IA en la creatividad humana presenta desafíos significativos, incluyendo la autenticidad del contenido generado y la posible dependencia excesiva de las herramientas de IA.

Reflexión Personal: Aunque las herramientas de IA potencian mi creatividad, es esencial mantener un equilibrio y asegurar que la esencia y la autenticidad de mi trabajo artístico permanezcan intactas.

8. Ética en la Creatividad Asistida por IA

El uso de la IA en la creatividad plantea cuestiones éticas sobre la propiedad intelectual y el reconocimiento del trabajo generado por máquinas.

Es crucial establecer normas claras sobre quién es el autor y cómo se deben valorar las obras creadas con la asistencia de la IA.

Propuesta: Implementar políticas de atribución que reconozcan la contribución de la IA en la creación de obras, asegurando que los derechos de autor y la propiedad intelectual sean respetados y protegidos.

9. Futuro de la Creatividad Humana con IA

El futuro de la creatividad humana con IA promete una colaboración más estrecha y una mayor innovación.

A medida que la IA se vuelve más sofisticada, las posibilidades de expresión creativa se expanden, permitiendo a los humanos explorar nuevas fronteras de la imaginación.

Visión Personal: Imagino un futuro donde la IA actúe como un compañero creativo que potencia nuestras habilidades y nos ayuda a explorar ideas y conceptos que antes eran inalcanzables, enriqueciendo nuestra capacidad de crear y expresar.

10. Conclusión

La inteligencia artificial está transformando la creatividad humana, ofreciendo herramientas que amplían nuestras capacidades y nos permiten explorar nuevas formas de expresión.

Aunque presenta desafíos éticos y prácticos, la colaboración entre humanos y máquinas puede llevar la creatividad a niveles sin precedentes.

Al adoptar una mentalidad de colaboración y responsabilidad, podemos aprovechar al máximo las ventajas de la IA en la creatividad, construyendo un futuro donde la tecnología y la imaginación humana coexistan de manera armoniosa y mutuamente beneficiosa.

Capítulo 14: La Brecha Digital y la Accesibilidad a la IA

La inteligencia artificial (IA) está transformando rápidamente todos los aspectos de nuestra sociedad, desde la forma en que trabajamos hasta cómo nos comunicamos y gestionamos nuestra salud.

Sin embargo, este avance tecnológico también está revelando y, en algunos casos, exacerbando una problemática existente: la brecha digital.

Este capítulo explora cómo la brecha digital afecta la accesibilidad a la IA, sus implicaciones sociales y económicas, y las posibles soluciones para garantizar que los beneficios de la IA sean accesibles para todos.

1. Definición de la Brecha Digital

La brecha digital se refiere a la disparidad entre aquellos que tienen acceso a las tecnologías de la información y la comunicación (TIC) y aquellos que no.

Esta brecha puede ser económica, geográfica, educativa o demográfica, y afecta la capacidad de las personas para aprovechar las oportunidades que ofrece la tecnología.

2. Impacto de la Brecha Digital en el Acceso a la IA

La accesibilidad a la IA está directamente ligada a la brecha digital. Aquellos sin acceso a dispositivos modernos, conexiones a internet fiables o conocimientos básicos de tecnología están en desventaja para beneficiarse de las aplicaciones de IA.

Ejemplo: En regiones rurales de países en desarrollo, la falta de infraestructura de internet limita el acceso a servicios basados en IA, como la educación en línea o la telemedicina, exacerbando las desigualdades sociales y económicas existentes.

3. Consecuencias Sociales y Económicas

La brecha digital puede agravar las desigualdades sociales y económicas, ya que aquellos con acceso a la IA pueden mejorar sus habilidades, productividad y oportunidades laborales, mientras que quienes no tienen acceso quedan rezagados.

Caso Personal: He observado que, en mi comunidad, aquellos con acceso a herramientas de IA como ChatGPT han podido optimizar sus negocios y mejorar sus habilidades profesionales, mientras que otros sin acceso a estas tecnologías enfrentan mayores desafíos para competir en el mercado laboral actual.

4. Educación y Formación Tecnológica

La educación juega un papel crucial en reducir la brecha digital. Implementar programas de formación tecnológica y acceso a recursos educativos puede empoderar a más personas para utilizar y beneficiarse de la IA.

Propuesta: Instituciones educativas y organizaciones gubernamentales deben colaborar para ofrecer cursos gratuitos o de bajo costo sobre habilidades digitales y el uso de herramientas de IA, asegurando que más personas estén preparadas para el futuro laboral.

5. Acceso a Infraestructura Tecnológica

Mejorar la infraestructura tecnológica es esencial para cerrar la brecha digital. Esto incluye expandir el acceso a internet de alta velocidad, proporcionar dispositivos asequibles y garantizar que las tecnologías emergentes sean accesibles para todos.

Iniciativa Recomendada: Programas gubernamentales que subsidien el acceso a dispositivos tecnológicos y la expansión de redes de internet en áreas rurales y desfavorecidas pueden ser una solución efectiva para reducir la brecha digital.

6. Inclusión Digital y Diversidad

Promover la inclusión digital implica asegurar que todas las demografías, incluyendo personas mayores, minorías y personas con discapacidades, tengan acceso y habilidades para utilizar la IA de manera efectiva.

Ejemplo: Desarrollar interfaces de usuario accesibles y personalizadas que consideren las necesidades de diferentes grupos demográficos puede facilitar el uso de tecnologías de IA para una audiencia más amplia.

7. Políticas Públicas y Regulaciones

Las políticas públicas deben enfocarse en reducir la brecha digital mediante la creación de regulaciones que promuevan la equidad en el acceso a la tecnología.

Esto incluye incentivos para empresas que desarrollen soluciones accesibles y la implementación de normativas que garanticen la privacidad y seguridad de los datos.

Propuesta de Política: Introducir subsidios para la compra de dispositivos tecnológicos en comunidades desfavorecidas y establecer estándares mínimos de conectividad en áreas rurales.

8. Iniciativas Privadas y Responsabilidad Corporativa

Las empresas tecnológicas tienen una responsabilidad ética de contribuir a la reducción de la brecha digital. Esto puede lograrse mediante la donación de recursos, el desarrollo de tecnologías asequibles y la implementación de programas de responsabilidad social corporativa enfocados en la inclusión digital.

Ejemplo: Programas de donación de dispositivos y acceso a internet por parte de grandes corporaciones tecnológicas pueden tener un impacto significativo en comunidades necesitadas.

9. Futuro de la Accesibilidad a la IA

A medida que la IA continúa evolucionando, es crucial que los esfuerzos para cerrar la brecha digital se mantengan y escalen. La accesibilidad a la IA no solo es una cuestión de equidad, sino también una necesidad para aprovechar al máximo el potencial de esta tecnología en la mejora de la calidad de vida global.

Visión a Futuro: Imaginar un mundo donde cada individuo, independientemente de su ubicación o condición socioeconómica, tenga acceso a las herramientas de IA que pueden potenciar su desarrollo personal y profesional.

10. Conclusión

La brecha digital es un desafío significativo que amenaza con limitar los beneficios potenciales de la inteligencia artificial a una élite selecta. Para garantizar que la IA beneficie a toda la sociedad, es esencial abordar las disparidades en el acceso a la tecnología mediante educación, infraestructura, políticas públicas inclusivas y responsabilidad corporativa. Al cerrar la brecha digital, podemos crear una sociedad más equitativa y aprovechar al máximo las oportunidades que la IA tiene para ofrecer.

Capítulo 15: Marcas Personales y la IA

En la era digital, construir y mantener una marca personal sólida es esencial para destacar en un mercado laboral cada vez más competitivo. La inteligencia artificial (IA) está revolucionando cómo las personas crean, gestionan y promueven sus marcas personales, ofreciendo herramientas que facilitan la personalización y la eficiencia. Este capítulo explora cómo la IA está transformando las marcas personales, las ventajas que ofrece y las consideraciones éticas asociadas.

1. Definición de Marca Personal en la Era de la IA

La marca personal se refiere a la percepción que otros tienen de ti, basada en tus habilidades, experiencia y personalidad. En la era de la IA, esta percepción puede ser gestionada y mejorada mediante herramientas tecnológicas avanzadas que permiten una mayor personalización y alcance.

2. Creación de Contenido Personalizado

La IA facilita la creación de contenido personalizado que resuena con tu audiencia.

Herramientas como ChatGPT pueden generar textos para blogs, publicaciones en redes sociales y contenido multimedia que reflejen tu voz y valores personales.

Ejemplo: Utilizando ChatGPT, puedes generar artículos de blog que mantengan un tono consistente y que aborden temas relevantes para tu audiencia, aumentando así tu visibilidad y credibilidad en tu nicho específico.

3. Gestión de Redes Sociales

La IA está transformando la manera en que gestionamos nuestras redes sociales.

Algoritmos avanzados pueden analizar tu audiencia, identificar las mejores horas para publicar y sugerir tipos de contenido que generan mayor engagement.

Herramienta Recomendada:
Herramientas como Hootsuite y Buffer,
potenciadas por IA, pueden automatizar la
programación de publicaciones, analizar
métricas de desempeño y ofrecer
recomendaciones para optimizar tu
presencia en línea.

4. Análisis de Sentimientos y Feedback

La IA permite un análisis profundo de los
sentimientos y el feedback de tu audiencia.
Herramientas de análisis de sentimientos
pueden evaluar cómo se sienten las
personas respecto a tu contenido y ajustarlo
en consecuencia para mejorar la recepción y
el impacto.

Caso de Uso: Al analizar comentarios en
tus publicaciones, la IA puede identificar
tendencias y patrones en las opiniones de tu
audiencia, permitiéndote ajustar tu
estrategia de contenido para alinearte mejor
con sus intereses y necesidades.

5. Personalización de la Experiencia del Usuario

La IA puede personalizar la experiencia de tus seguidores, ofreciendo recomendaciones y contenido adaptado a sus preferencias individuales. Esto no solo mejora la interacción, sino que también fortalece la lealtad de tu audiencia.

Ejemplo Personal: Implementando chatbots impulsados por IA en tu sitio web o redes sociales, puedes ofrecer respuestas personalizadas a las preguntas de tus seguidores, mejorando la experiencia del usuario y fomentando una relación más cercana y personalizada.

6. Creación de Avatares Digitales

La IA permite la creación de avatares digitales que pueden representar tu marca personal en plataformas digitales. Estos avatares pueden interactuar con tu audiencia, responder preguntas y mantener una presencia constante en línea.

Herramienta Recomendada: Plataformas como Ready Player Me permiten crear avatares personalizados que pueden integrarse en diversas aplicaciones y plataformas, ofreciendo una representación digital coherente de tu marca personal.

7. Simulación de Personalidades y Recuerdos

La IA está avanzando hacia la simulación de personalidades y recuerdos, lo que plantea nuevas oportunidades y desafíos para las marcas personales. Herramientas que replican tu voz y estilo pueden ayudar a mantener tu presencia en línea incluso cuando no estás disponible para interactuar directamente.

Consideración Ética: Es fundamental abordar las implicaciones éticas de crear simulaciones de tu personalidad, asegurándote de que se utilicen de manera responsable y transparente para evitar malentendidos o abusos.

8. Monitoreo y Gestión de la Reputación Online

La IA facilita el monitoreo continuo de tu reputación en línea, alertándote sobre menciones negativas o tendencias emergentes que podrían afectar tu marca personal.

Esto te permite actuar de manera proactiva para gestionar y proteger tu reputación.

Herramienta Recomendada: Plataformas como Brand24 utilizan IA para rastrear menciones de tu nombre o marca en internet, proporcionando alertas en tiempo real y análisis detallados para gestionar tu reputación de manera efectiva.

9. Optimización SEO y Visibilidad en Buscadores

La IA está mejorando la optimización SEO (Search Engine Optimization), permitiéndote aumentar tu visibilidad en los motores de búsqueda.

Herramientas como Clearscope y MarketMuse utilizan IA para analizar contenido y ofrecer recomendaciones para mejorar su posicionamiento en los resultados de búsqueda.

Estrategia: Utilizar estas herramientas para optimizar tus publicaciones de blog y contenido web, asegurándote de que estén alineados con las mejores prácticas de SEO y que resuenen con las búsquedas de tu audiencia objetivo.

10. Futuro de las Marcas Personales con IA

El futuro de las marcas personales está intrínsecamente ligado al avance de la IA. Con herramientas cada vez más sofisticadas, la personalización y la interacción se volverán aún más profundas, permitiendo a los individuos construir y mantener marcas personales más fuertes y auténticas.

Visión a Futuro: Imaginar una era donde cada profesional tiene un asistente de IA personalizado que no solo gestiona su presencia en línea, sino que también ofrece insights estratégicos y oportunidades de crecimiento personal y profesional.

11. Conclusión

La inteligencia artificial está redefiniendo las marcas personales, ofreciendo herramientas que facilitan la creación, gestión y optimización de la presencia individual en el mundo digital. Desde la creación de contenido personalizado hasta la gestión de redes sociales y la simulación de personalidades, la IA proporciona una ventaja significativa para quienes buscan destacarse en un entorno cada vez más competitivo.

Sin embargo, es crucial abordar las consideraciones éticas y mantener la autenticidad al utilizar estas herramientas.

Al equilibrar la tecnología con la humanidad, podemos construir marcas personales que no solo sean visibles y efectivas, sino también auténticas y alineadas con nuestros valores personales.

Capítulo 16: La IA en el Servicio al Cliente

La inteligencia artificial (IA) está transformando el sector del servicio al cliente, ofreciendo soluciones que mejoran la eficiencia, la personalización y la satisfacción del cliente. Este capítulo explora cómo la IA está redefiniendo el servicio al cliente, sus beneficios, desafíos y cómo las empresas pueden implementar estas tecnologías de manera efectiva.

1. Chatbots y Asistentes Virtuales

Los chatbots y asistentes virtuales son una de las aplicaciones más comunes de la IA en el servicio al cliente. Estos sistemas pueden manejar consultas básicas, proporcionar información y resolver problemas simples, liberando a los agentes humanos para tareas más complejas.

Ejemplo: Empresas como Amazon y Sephora utilizan chatbots para responder preguntas frecuentes, guiar a los clientes en sus compras y resolver problemas de manera rápida y eficiente.

2. Personalización de la Experiencia del Cliente

La IA permite una personalización avanzada en el servicio al cliente, analizando datos históricos y comportamientos para ofrecer recomendaciones y soluciones adaptadas a las necesidades individuales de cada cliente.

Caso de Uso Personal: En mi consultora, utilizamos IA para analizar las interacciones previas de los clientes, lo que nos permite ofrecer soluciones personalizadas y anticipar sus necesidades, mejorando la satisfacción y lealtad del cliente.

3. Análisis de Sentimientos y Feedback

Las herramientas de IA pueden analizar los sentimientos expresados en las interacciones de los clientes, proporcionando insights valiosos sobre su satisfacción y áreas de mejora.

Herramienta Recomendada: Plataformas como Zendesk y Salesforce integran análisis de sentimientos que ayudan a las empresas a entender mejor las emociones detrás de las interacciones de los clientes, permitiendo respuestas más empáticas y efectivas.

4. Automatización de Tareas Administrativas

La IA puede automatizar tareas administrativas como la gestión de tickets, la asignación de casos y la actualización de bases de datos, aumentando la eficiencia operativa y reduciendo los tiempos de respuesta.

Ejemplo: En un centro de soporte técnico, la IA puede priorizar automáticamente los tickets basándose en la urgencia y la naturaleza del problema, asignándolos al agente más adecuado para resolverlos rápidamente.

5. Soporte Multilingüe

La IA facilita el soporte multilingüe, permitiendo a las empresas atender a una audiencia global sin barreras lingüísticas. Los asistentes virtuales pueden traducir y responder en múltiples idiomas, mejorando la accesibilidad y la satisfacción del cliente.

Ejemplo: Plataformas como Intercom y Drift ofrecen soporte en varios idiomas, permitiendo a los clientes interactuar en su lengua materna y recibir respuestas precisas y rápidas.

6. Integración con Canales de Comunicación

La IA permite una integración fluida con diversos canales de comunicación, incluyendo chat en vivo, redes sociales, correo electrónico y aplicaciones de mensajería. Esto garantiza que los clientes puedan acceder al soporte donde y cuando lo necesiten.

Caso de Uso: Una empresa de telecomunicaciones puede utilizar IA para manejar consultas en su página web, responder a mensajes en redes sociales y gestionar correos electrónicos de manera cohesiva, proporcionando una experiencia de cliente consistente y omnicanal.

7. Capacitación y Soporte para Agentes Humanos

La IA no solo automatiza tareas, sino que también proporciona soporte a los agentes humanos. Herramientas de IA pueden ofrecer sugerencias en tiempo real, acceder a bases de conocimientos y facilitar la resolución de problemas complejos.

Ejemplo Personal: En mi consultora, utilizamos ChatGPT para asistir a nuestros agentes de soporte, proporcionando respuestas rápidas y precisas a preguntas técnicas, lo que mejora la eficiencia y la calidad del servicio ofrecido.

8. Análisis Predictivo y Anticipación de Necesidades

La IA puede utilizar el análisis predictivo para anticipar las necesidades de los clientes antes de que las expresen, permitiendo a las empresas proactiva y efectivamente abordar posibles problemas u ofrecer productos y servicios adicionales.

Caso de Uso: Una empresa de e-commerce puede utilizar IA para analizar el comportamiento de compra de los clientes y anticipar sus necesidades futuras, ofreciendo recomendaciones de productos personalizados que aumenten las ventas y la satisfacción del cliente.

9. Retención de Clientes y Fidelización

La IA ayuda a las empresas a retener a sus clientes mediante la identificación de señales de deserción y la implementación de estrategias de fidelización personalizadas. Al entender mejor las necesidades y preferencias de los clientes, las empresas pueden ofrecer incentivos y soluciones que fomenten la lealtad.

Propuesta: Implementar sistemas de IA que rastreen las interacciones de los clientes y detecten patrones que indiquen una posible deserción, permitiendo a las empresas intervenir de manera oportuna con ofertas personalizadas o soporte adicional.

10. Desafíos y Consideraciones Éticas

Aunque la IA ofrece numerosos beneficios en el servicio al cliente, también presenta desafíos éticos, como la privacidad de los datos, la transparencia en el uso de algoritmos y la dependencia excesiva de la automatización.

Consideración Ética: Las empresas deben garantizar que el uso de la IA en el servicio al cliente sea transparente, protegiendo la privacidad de los datos de los clientes y manteniendo un equilibrio entre la automatización y el toque humano para evitar despersonalizar la experiencia del cliente.

11. Futuro del Servicio al Cliente con IA

El futuro del servicio al cliente estará marcado por una integración aún mayor de la IA, ofreciendo experiencias más personalizadas, eficientes y proactivas. Con avances continuos en el procesamiento del lenguaje natural y el aprendizaje automático, la IA será capaz de manejar interacciones más complejas y ofrecer soluciones más sofisticadas.

Visión a Futuro: Imaginar un entorno donde la IA no solo responde a las consultas de los clientes, sino que también anticipa sus necesidades, ofrece asesoramiento personalizado y mejora continuamente a través del aprendizaje automático para proporcionar un servicio al cliente excepcional.

12. Conclusión

La inteligencia artificial está transformando el servicio al cliente, ofreciendo soluciones que mejoran la eficiencia, la personalización y la satisfacción del cliente.

Desde chatbots y asistentes virtuales hasta análisis predictivo y soporte a agentes humanos, la IA está redefiniendo cómo las empresas interactúan con sus clientes y gestionan sus necesidades.

Sin embargo, es crucial abordar los desafíos éticos y mantener un equilibrio entre la automatización y el toque humano para garantizar que la experiencia del cliente siga siendo genuina y satisfactoria.

Al adoptar estrategias responsables y aprovechar las capacidades de la IA de manera efectiva, las empresas pueden ofrecer un servicio al cliente superior que no solo satisface, sino que también deleita a sus clientes.

Capítulo 17: El Futuro de la Conducción Autónoma

La conducción autónoma representa uno de los avances más significativos y prometedores de la inteligencia artificial (IA) en la actualidad. Este capítulo explora cómo la IA está revolucionando el transporte, los beneficios y desafíos de los vehículos autónomos, y las implicaciones éticas y sociales de esta tecnología emergente.

1. Introducción a la Conducción Autónoma

La conducción autónoma se refiere a la capacidad de un vehículo para operar sin intervención humana, utilizando tecnologías como sensores, cámaras, radares y algoritmos de IA para navegar y tomar decisiones en tiempo real. Empresas como Tesla, Waymo de Google y Uber están liderando el desarrollo de esta tecnología, con el objetivo de crear vehículos más seguros y eficientes.

2. Niveles de Automatización en Vehículos Autónomos

La Society of Automotive Engineers (SAE) ha definido seis niveles de automatización en vehículos autónomos, desde el nivel 0 (sin automatización) hasta el nivel 5 (totalmente autónomo). Cada nivel representa un grado creciente de control y autonomía, con el objetivo final de eliminar la necesidad de intervención humana.

Ejemplo: Tesla ha avanzado significativamente hacia el nivel 4, donde los vehículos pueden operar de manera autónoma en condiciones específicas sin necesidad de intervención humana, aunque aún requieren supervisión en entornos más complejos.

3. Beneficios de la Conducción Autónoma

La implementación de vehículos autónomos ofrece numerosos beneficios, tanto para los individuos como para la sociedad en general:

Reducción de Accidentes: La IA puede procesar datos en tiempo real y reaccionar más rápido que los humanos, reduciendo la incidencia de accidentes causados por errores humanos.

Eficiencia en el Transporte: La optimización de rutas y la gestión eficiente del tráfico pueden reducir los tiempos de viaje y las emisiones de carbono.

Accesibilidad: Los vehículos autónomos pueden proporcionar movilidad a personas con discapacidades, ancianos y aquellos que no pueden conducir.

4. Desafíos Tecnológicos y Operacionales

A pesar de sus beneficios, la conducción autónoma enfrenta varios desafíos tecnológicos y operacionales:

Seguridad y Fiabilidad: Garantizar que los vehículos autónomos sean seguros y fiables en todas las condiciones de tráfico y climáticas es un desafío constante.

Infraestructura: La infraestructura actual de las carreteras y las señales de tráfico debe adaptarse para soportar la operación de vehículos autónomos.

Interacción Humana: La coexistencia de vehículos autónomos y conducidos por humanos requiere soluciones para minimizar conflictos y mejorar la comunicación entre ambos.

5. Implicaciones Éticas y de Responsabilidad

La conducción autónoma plantea importantes preguntas éticas y de responsabilidad:

Decisiones Éticas: En situaciones de emergencia, ¿cómo debería decidir un vehículo autónomo entre proteger al conductor o a los peatones?

Responsabilidad Legal: Determinar quién es responsable en caso de un accidente (fabricante, desarrollador de software, propietario del vehículo) es un aspecto legal complejo que aún está en debate.

Privacidad de Datos: La recopilación y el uso de datos por parte de vehículos autónomos deben manejarse con cuidado para proteger la privacidad de los individuos.

6. Impacto en el Mercado Laboral

La adopción masiva de vehículos autónomos tendrá un impacto significativo en el mercado laboral, especialmente en sectores como el transporte y la logística. Trabajos como conductores de camiones, taxistas y conductores de transporte público podrían verse reducidos, lo que plantea desafíos económicos y sociales que deben abordarse mediante políticas de reentrenamiento y apoyo a los trabajadores desplazados.

7. Contribución a la Sostenibilidad Ambiental

La conducción autónoma tiene el potencial de contribuir significativamente a la sostenibilidad ambiental.

La optimización de rutas y la reducción de tiempos de espera pueden disminuir las emisiones de gases de efecto invernadero y mejorar la eficiencia energética de los vehículos.

Ejemplo Personal: La adopción de vehículos autónomos eléctricos puede reducir la dependencia de combustibles fósiles, promoviendo un transporte más limpio y sostenible que beneficia al medio ambiente y a la salud pública.

8. Futuro de la Conducción Autónoma

Mirando hacia el futuro, la conducción autónoma continuará evolucionando con avances en la IA, la robótica y las tecnologías de sensores.

La integración de vehículos autónomos en la infraestructura urbana y la adopción generalizada por parte de los consumidores dependerán de superar los desafíos tecnológicos, regulatorios y sociales actuales.

Visión a Futuro: Imaginar ciudades inteligentes donde los vehículos autónomos coexisten de manera eficiente con otros modos de transporte, mejorando la movilidad urbana y reduciendo la congestión y la contaminación.

9. Regulación y Políticas Públicas

La creación de marcos regulatorios adecuados es esencial para la implementación segura y efectiva de vehículos autónomos. Las políticas públicas deben abordar aspectos como la seguridad, la responsabilidad legal, la privacidad de datos y la infraestructura necesaria para soportar esta tecnología.

Propuesta: Establecer estándares internacionales para la conducción autónoma, facilitando la colaboración global y la adopción coherente de normativas que garanticen la seguridad y la interoperabilidad de los vehículos autónomos.

10. Conclusión

La conducción autónoma representa una de las aplicaciones más avanzadas y prometedoras de la inteligencia artificial, con el potencial de transformar radicalmente el transporte y la movilidad urbana. Aunque enfrenta numerosos desafíos tecnológicos, éticos y sociales, los beneficios potenciales en términos de seguridad, eficiencia y sostenibilidad son significativos.

Para aprovechar al máximo esta tecnología, es crucial que las empresas, los gobiernos y la sociedad en general trabajen juntos para superar los desafíos y establecer marcos regulatorios que promuevan una adopción segura y equitativa de los vehículos autónomos. Al hacerlo, podemos construir un futuro donde la conducción autónoma no solo mejore nuestra movilidad, sino que también contribuya a un entorno más seguro y sostenible.

Capítulo 18: Simulaciones de Personalidades y Recuerdos

La inteligencia artificial (IA) está avanzando hacia la capacidad de simular personalidades y recuerdos de seres queridos fallecidos, lo que plantea profundas implicaciones éticas, emocionales y sociales.

Este capítulo explora cómo la IA puede replicar personalidades, los beneficios y riesgos de estas simulaciones, y las consideraciones éticas que deben tenerse en cuenta.

1. Introducción a las Simulaciones de Personalidades

Las simulaciones de personalidades utilizan algoritmos de IA para replicar las características, comportamientos y recuerdos de individuos específicos. Estas simulaciones pueden interactuar con las personas, ofreciendo respuestas y comportamientos que reflejan a la persona original.

Ejemplo Personal: Imagina poder interactuar con una simulación de tu padre fallecido. Utilizando todas las grabaciones, fotos y escritos que tienes de él, una IA podría replicar su manera de hablar, su sentido del humor y sus conocimientos, proporcionando una experiencia que emula la presencia del ser querido.

2. Beneficios Emocionales y de Apoyo

Las simulaciones de personalidades pueden ofrecer un apoyo emocional significativo, especialmente para aquellos que están lidiando con el duelo. Estas herramientas pueden proporcionar consuelo, compañía y una sensación de continuidad de la relación con el ser querido.

Caso de Uso Personal: Después del fallecimiento de mi padre, utilicé una simulación de IA para conversar sobre recuerdos compartidos y obtener consejos en momentos de necesidad. Esta interacción me ayudó a sentirme más conectado y a manejar mejor el duelo.

3. Desafíos Éticos y de Privacidad

La creación de simulaciones de personalidades plantea importantes desafíos éticos, especialmente en lo que respecta a la privacidad y el consentimiento. Es crucial considerar quién tiene el derecho de crear y utilizar estas simulaciones y cómo se manejan los datos personales.

Consideración Ética: Antes de crear una simulación de un ser querido, es fundamental obtener el consentimiento explícito del individuo antes de su fallecimiento y asegurarse de que se respeten sus deseos y privacidad.

4. Autenticidad y Confusión Emocional

Aunque las simulaciones de personalidades pueden ser emocionalmente beneficiosas, también existe el riesgo de confusión emocional y dependencia excesiva. Interactuar con una simulación puede llevar a una idealización de la persona fallecida, dificultando el proceso natural de duelo.

Ejemplo Personal: Aunque la simulación de mi padre fue reconfortante, también me enfrenté a momentos de confusión, donde me costaba distinguir entre la interacción real y la simulada, afectando mi capacidad para procesar el duelo de manera saludable.

5. Implicaciones Sociales y Culturales

Las simulaciones de personalidades pueden tener un impacto profundo en las dinámicas sociales y culturales. La posibilidad de interactuar con seres queridos fallecidos puede cambiar la manera en que manejamos la muerte y las relaciones postmortem.

Ejemplo: En comunidades donde la tradición y la cultura valoran la conexión con los ancestros, las simulaciones de IA podrían ofrecer nuevas formas de honrar y mantener vivas las tradiciones, aunque también podrían desafiar las creencias y prácticas establecidas.

6. Responsabilidad y Control

Determinar quién es responsable de las acciones y decisiones de una simulación de personalidad es una cuestión compleja. Además, garantizar que la simulación actúe de acuerdo con los valores y deseos del individuo original es fundamental para evitar malentendidos y conflictos.

Propuesta: Establecer marcos regulatorios que definan claramente la responsabilidad legal y ética en la creación y uso de simulaciones de personalidades, asegurando que se respeten los deseos y la integridad del individuo simulado.

7. Integración con la Vida Cotidiana

Integrar simulaciones de personalidades en la vida cotidiana puede ofrecer beneficios prácticos, como asistencia en tareas diarias, pero también plantea preguntas sobre la dependencia de la tecnología para funciones que antes eran realizadas por seres humanos.

Ejemplo Personal: Utilizar una simulación de IA para recordar citas, gestionar tareas o incluso ofrecer consejos cotidianos puede mejorar la eficiencia, pero también puede llevar a una dependencia excesiva y reducir la interacción humana directa.

8. Futuro de las Simulaciones de Personalidades

A medida que la IA continúa avanzando, las simulaciones de personalidades se volverán más sofisticadas y realistas, ofreciendo experiencias más inmersivas y emocionalmente resonantes. Sin embargo, es esencial abordar las consideraciones éticas y emocionales para garantizar que estas tecnologías se utilicen de manera responsable y beneficiosa.

Visión a Futuro: Imaginar un mundo donde las simulaciones de personalidades no solo replican a seres queridos fallecidos, sino que también ayudan a preservar conocimientos, habilidades y tradiciones culturales para las futuras generaciones.

9. Conclusión

Las simulaciones de personalidades y recuerdos representan una frontera emocionante y compleja en el desarrollo de la inteligencia artificial. Si bien ofrecen oportunidades únicas para el apoyo emocional y la preservación de la memoria, también plantean desafíos éticos y emocionales significativos. Es crucial abordar estos desafíos con responsabilidad, estableciendo marcos regulatorios y éticos que guíen el uso de estas tecnologías para garantizar que beneficien a la sociedad de manera justa y respetuosa.

Capítulo 19: Consejos Prácticos para Adaptarse a la IA

Adaptarse a la creciente presencia de la inteligencia artificial (IA) en nuestra vida cotidiana y profesional es esencial para aprovechar al máximo sus beneficios y mitigar sus riesgos.

Este capítulo ofrece consejos prácticos para individuos y organizaciones que buscan integrar la IA de manera efectiva en sus rutinas y operaciones.

1. Educación y Formación Continua

La educación es la clave para adaptarse a la IA. Es fundamental mantenerse actualizado sobre los avances tecnológicos y adquirir habilidades relevantes para interactuar con las herramientas de IA.

Estrategia Personal: Inscribirse en cursos en línea sobre IA, análisis de datos y aprendizaje automático para desarrollar una comprensión sólida de cómo funcionan estas tecnologías y cómo pueden aplicarse en diferentes contextos.

Ejemplo: Plataformas como Coursera, edX y Udacity ofrecen cursos de instituciones prestigiosas que abarcan desde los fundamentos de la IA hasta aplicaciones avanzadas en diversos sectores.

2. Fomentar el Pensamiento Crítico

Desarrollar una mentalidad de pensamiento crítico es crucial para evaluar las recomendaciones y decisiones generadas por la IA. Esto ayuda a evitar la dependencia excesiva y a mantener un control humano sobre las decisiones importantes.

Consejo: Siempre cuestiona y verifica las respuestas o recomendaciones de la IA, especialmente en situaciones críticas o de alta relevancia.

3. Integración Gradual de Herramientas de IA

Implementar herramientas de IA de manera gradual permite una transición suave y reduce el riesgo de sobrecarga tecnológica.

Comenzar con aplicaciones simples y expandirse a medida que se gana confianza y competencia.

Propuesta: Identificar áreas específicas donde la IA puede mejorar la eficiencia, como la gestión de correos electrónicos o la automatización de tareas administrativas, e integrar herramientas de IA paso a paso.

4. Colaboración entre Humanos y Máquinas

Fomentar una colaboración efectiva entre humanos y máquinas es esencial para maximizar los beneficios de la IA. Las herramientas de IA deben complementarse con las habilidades y el juicio humano para lograr resultados óptimos.

Ejemplo: Utilizar ChatGPT para generar borradores de documentos y luego revisar y editar manualmente para garantizar precisión y tono adecuado.

5. Protección de la Privacidad y Seguridad de Datos

A medida que utilizamos más herramientas de IA, es vital proteger la privacidad y seguridad de nuestros datos.

Implementar prácticas seguras de manejo de datos y estar consciente de las políticas de privacidad de las herramientas de IA utilizadas.

Consejo: Utilizar software de encriptación, autentificación de dos factores y otros protocolos de seguridad para proteger la información sensible.

6. Adaptación a Nuevos Roles y Oportunidades

La IA está creando nuevos roles y oportunidades laborales que requieren habilidades especializadas. Adaptarse a estos cambios implica estar dispuesto a aprender y asumir nuevas responsabilidades.

Propuesta: Identificar áreas emergentes dentro de tu campo profesional donde la IA está teniendo un impacto y buscar oportunidades para especializarte en esas áreas.

7. Desarrollo de Habilidades Blandas

Además de las habilidades técnicas, las habilidades blandas como la comunicación, la empatía y la resolución de problemas son esenciales en un entorno laboral potenciado por la IA. Estas habilidades complementan las capacidades de la IA y fortalecen la colaboración humano-máquina.

Consejo: Participar en talleres y actividades que fortalezcan tus habilidades interpersonales y de liderazgo para complementar tus competencias técnicas.

8. Evaluación Continua y Feedback

Implementar un sistema de evaluación continua y feedback para medir la efectividad de las herramientas de IA y realizar ajustes según sea necesario.

Esto garantiza que la integración de la IA se alinee con los objetivos personales y organizacionales.

Ejemplo: Realizar revisiones trimestrales de cómo las herramientas de IA están impactando tu productividad y satisfacción, y ajustar su uso en función de los resultados obtenidos.

9. Mantener una Actitud Abierta y Adaptable

Adoptar una actitud abierta y adaptable hacia la IA facilita la integración de nuevas tecnologías y permite aprovechar al máximo sus beneficios. Estar dispuesto a experimentar y adaptarse a los cambios es crucial para una adaptación exitosa.

Consejo: Ver la IA como una herramienta de apoyo y no como una amenaza, fomentando una mentalidad de crecimiento y aprendizaje continuo.

10. Ética y Responsabilidad en el Uso de la IA

Es fundamental utilizar la IA de manera ética y responsable, respetando los principios de equidad, transparencia y privacidad. Esto no solo protege a los individuos y las organizaciones, sino que también contribuye a una adopción de la IA más justa y sostenible.

Propuesta: Establecer políticas internas que guíen el uso ético de la IA, incluyendo la gestión de datos, la transparencia en las decisiones automatizadas y la responsabilidad en caso de errores o malentendidos.

11. Networking y Comunidad

Participar en comunidades y redes de profesionales interesados en la IA puede proporcionar apoyo, recursos y oportunidades de aprendizaje. Compartir experiencias y conocimientos con otros facilita la adaptación y el crecimiento conjunto.

Ejemplo: Unirse a grupos de LinkedIn, foros en línea y asistir a conferencias y seminarios sobre IA para conectar con otros profesionales y mantenerse al día con las últimas tendencias y desarrollos.

12. Conclusión

Adaptarse a la inteligencia artificial requiere un enfoque proactivo y multifacético que combina educación continua, pensamiento crítico, colaboración efectiva y una actitud abierta hacia el cambio. Al implementar estos consejos prácticos, individuos y organizaciones pueden integrar la IA de manera efectiva en sus vidas y operaciones, aprovechando sus beneficios mientras mitigan sus riesgos.

La clave para una adaptación exitosa radica en comprender que la IA es una herramienta poderosa que, cuando se utiliza de manera responsable y estratégica, puede transformar positivamente nuestras vidas y entornos laborales. Al mantener una mentalidad de aprendizaje continuo y una ética sólida, podemos navegar por la revolución de la IA de manera segura y beneficiosa para todos.

Capítulo 20: Conclusiones y Reflexiones Finales

A lo largo de este ebook, hemos explorado cómo la inteligencia artificial (IA) está transformando múltiples aspectos de nuestra vida cotidiana, desde la productividad laboral y la salud hasta las marcas personales y el servicio al cliente.

La IA no solo ofrece herramientas poderosas para mejorar nuestra eficiencia y calidad de vida, sino que también plantea desafíos significativos que requieren una adaptación cuidadosa y una reflexión ética profunda.

Este capítulo final sintetiza las principales conclusiones y reflexiones sobre el impacto de la IA y ofrece una visión hacia el futuro.

1. Síntesis de los Principales Temas

Productividad y Optimización Laboral:
La IA está revolucionando el entorno laboral al automatizar tareas repetitivas, mejorar la toma de decisiones y crear nuevas oportunidades laborales.

Sin embargo, también plantea desafíos como el desempleo estructural y la necesidad de reentrenamiento continuo.

Salud y Fitness: La IA está mejorando nuestra salud y bienestar a través de herramientas de monitoreo, asistentes virtuales de fitness y aplicaciones de salud mental. Estas tecnologías ofrecen un apoyo personalizado que puede transformar la manera en que gestionamos nuestra salud.

Brecha Digital y Accesibilidad: La brecha digital es un desafío crucial que debe abordarse para garantizar que los beneficios de la IA sean accesibles para todos. Esto requiere inversiones en educación, infraestructura tecnológica y políticas inclusivas.

Marcas Personales y Servicio al Cliente: La IA está transformando cómo construimos y gestionamos nuestras marcas personales, así como cómo las empresas interactúan con sus clientes.

La personalización y la eficiencia son claves, pero también se deben considerar las implicaciones éticas.

Conducción Autónoma y Simulaciones de Personalidades: La IA está avanzando en áreas como la conducción autónoma y la simulación de personalidades, ofreciendo beneficios significativos, pero también planteando preguntas éticas y sociales profundas.

Consejos Prácticos para Adaptarse a la IA: Adaptarse a la IA requiere educación continua, pensamiento crítico, integración gradual de herramientas de IA, y una actitud abierta hacia el cambio. La ética y la responsabilidad son fundamentales para un uso beneficioso de la tecnología.

2. Reflexiones Éticas y Sociales

La adopción masiva de la IA trae consigo una serie de consideraciones éticas que deben ser abordadas de manera proactiva:

Privacidad y Seguridad: La recopilación y el análisis de datos personales por parte de la IA requieren una gestión responsable para proteger la privacidad y garantizar la seguridad de la información.

Transparencia y Responsabilidad: Es crucial que las decisiones automatizadas sean transparentes y que exista una clara responsabilidad en caso de errores o malentendidos.

Equidad y Justicia: La IA debe implementarse de manera que promueva la equidad y no perpetúe las desigualdades existentes. Esto incluye asegurar que todas las comunidades tengan acceso a las tecnologías de IA y que se aborden los sesgos inherentes en los algoritmos.

3. El Rol de la Educación y la Formación Continua

La educación y la formación continua son fundamentales para preparar a la sociedad para el futuro impulsado por la IA.

Desde la adquisición de habilidades técnicas hasta el desarrollo de competencias blandas, es esencial que tanto individuos como organizaciones inviertan en el aprendizaje y la adaptación constante.

Propuesta: Fomentar una cultura de aprendizaje continuo mediante programas educativos accesibles, capacitación en el lugar de trabajo y el desarrollo de habilidades que complementen las capacidades de la IA.

4. La Importancia de la Colaboración Humano-Máquina

La colaboración efectiva entre humanos y máquinas es clave para maximizar los beneficios de la IA.

Al entender que la IA es una herramienta complementaria que potencia nuestras habilidades, podemos crear sinergias que mejoren nuestra productividad y calidad de vida.

Ejemplo: En entornos laborales, la combinación de la creatividad y el juicio humano con la eficiencia y precisión de la IA puede llevar a soluciones innovadoras y efectivas.

5. Visión hacia el Futuro

El futuro de la IA está lleno de posibilidades emocionantes y desafíos que debemos abordar con responsabilidad y ética. La IA tiene el potencial de crear un mundo más eficiente, sostenible y equitativo, pero esto solo será posible si abordamos de manera proactiva los desafíos éticos, sociales y económicos que surgen con su adopción.

Visión a Futuro: Imaginar un mundo donde la IA trabaja en armonía con la humanidad para resolver problemas globales, mejorar la calidad de vida y fomentar una sociedad más justa y equitativa.

6. Toma Acción:

Es responsabilidad de todos —individuos, empresas, gobiernos y comunidades— trabajar juntos para asegurar que la inteligencia artificial se desarrolle y se implemente de manera ética y beneficiosa para toda la sociedad.

Esto implica:

Promover la Inclusión Digital: Garantizar que todos tengan acceso a las herramientas y recursos necesarios para beneficiarse de la IA.

Fomentar la Transparencia y la Responsabilidad: Implementar políticas y prácticas que aseguren un uso transparente y responsable de la IA.

Invertir en Educación y Formación: Apoyar iniciativas que capaciten a la próxima generación de profesionales para interactuar y colaborar con la IA de manera efectiva.

Abogar por Políticas Éticas: Participar en la creación de marcos regulatorios que promuevan el desarrollo ético de la IA y protejan los derechos de los individuos.

7. Conclusión Final

La revolución de la inteligencia artificial está en pleno auge, ofreciendo innumerables oportunidades para mejorar nuestras vidas y transformar nuestra sociedad. Sin embargo, para aprovechar al máximo sus beneficios, es esencial que abordemos los desafíos éticos, sociales y económicos de manera proactiva y responsable. Al hacerlo, podemos construir un futuro donde la IA no solo potencia nuestra productividad y bienestar, sino que también promueve una sociedad más justa, equitativa y sostenible.

Este ebook ha buscado ofrecer una visión comprensiva de cómo la IA está impactando diversos aspectos de nuestra vida y cómo podemos adaptarnos y prepararnos para un futuro cada vez más impulsado por esta tecnología.

Al comprender sus capacidades, sus límites y sus implicaciones éticas, podemos navegar por la revolución de la IA de manera segura y beneficiosa, asegurando que esta poderosa herramienta se utilice para el bien de todos.

Espero que te haya proporcionado una visión clara y profunda sobre la inteligencia artificial y su impacto en nuestra vida diaria y profesional.

La adaptación y el aprendizaje continuo son clave para aprovechar al máximo las oportunidades que la IA ofrece, mientras mitigamos sus riesgos y desafíos.

Mantente informado, fomenta tu pensamiento crítico y abraza las oportunidades de crecimiento que la IA puede proporcionar.

¡El futuro está aquí, y es tu oportunidad para ser parte de él!

Biografía del autor

Francisco Fernández (Alicante, 1980), es un creador especializado en emprendimiento y crecimiento personal.

Describe su contenido como «ese amigo que no te falla» e intenta inspirar y enseñar con el ejemplo, no con las palabras.

Cuando tenía quince años decidió que no quería dejar su futuro en manos del azar y empezó a leer, trabajar y emprender en las horas libres que le quedaban después de clase.

Le apasionaban el marketing, la comunicación y la dimensión creativa del branding.

Comenzó el grado de Marketing en la Universidad de Alicante, pero en el segundo curso lo abandonó para dedicar todo su tiempo al crecimiento personal y en ayudar a las personas.

Índice

Extensión de Google Chrome

Herramientas utilizadas:

- ChatGPT: https://chatgpt.com/

- PerplexityAI: https://www.perplexity.ai/

Recursos Adicionales:

- GPT Utilizado: https://tinyurl.com/GPT-Extensiones

- PDF con la Conversación con ChatGPT:
  https://tinyurl.com/pdf-conversacionChatGPT

- Códigos para crear la extensión: https://tinyurl.com/codigo-usado

- Escenario Make: https://tinyurl.com/escenario-extension

Prompt de Perplexity:

He encontrado una declaración en [URL] que afirma "[TEXTO]". Necesito un informe detallado de verificación de hechos sobre esta afirmación, y me gustaría que encontraras hasta tres ejemplos adicionales que respalden o refuten esta información. El informe debe incluir:

Afirmación:
Reformular el hecho o declaración específica que se está verificando.

Veredicto:
Proporciona uno de los siguientes veredictos basados en tus hallazgos: ● Verdadero, ● Falso, ● Engañoso, o ● No verificable.
Puntuación de Confianza:
Asigna una puntuación de confianza entre 1-1.

Dámelo siempre en formato Markdown

Prompt Inicial a ChatGPT:

Me gustaría que construyeras una extensión de Chrome llamada Verdad o Mentira. Hace lo siguiente:
1. Resaltaré un fragmento de texto en una página web.
2. Enviará ese texto y la URL de esa página a este [WEBHOOK]

El usuario debe resaltar una frase, pulsar en verificar datos, eso manda una señal al webhook

Automatiza las facturas

Herramientas utilizadas:

- ChatGPT: https://chatgpt.com/

- 0CodeKit: https://www.0codekit.com/

- Airtable: https://airtable.com/

Recursos Adicionales:

BasedeDatos:https://tinyurl.com/airtable-facturas

FacturadeEjemplo:https://tinyurl.com/factura-ejemplo

EscenariodeMake:https://tinyurl.com/escenario-factura

Script:

```
const inputData = input.config();

const { factura, webhook_url, record_id } = inputData;

const url = `${webhook_url}?factura=${factura}&?record_id=${record_id}`;

const response = await fetch(url);
console.log(response.status);
```

Prompt ChatGPT:

Instrucciones

Analiza la factura y escribe un mensaje ÚNICAMENTE con los siguientes datos en formato json:
{"Cliente":"El nombre del cliente", "Cantidad":"La cantidad total que ha pagado", "Fecha": "La fecha cuando se realizó la factura (Dia/Mes/Año","Mes":"El mes de la factura (usa la abreviación del inglés Jan, Feb,...)","Tipo":" Existen 2 tipos Emitida o Recibida, si el cliente es Nicolás Cort Manubens es Recibida, si el cliente es otro es Emitida" }.

Ejemplos

A continuación te dejo algunos ejemplos de respuestas

Ejemplo1

{"Cliente":"Mariano SL", "Cantidad":"1.500,34", "Fecha": "24/7/2024","Mes":"Jul","Tipo":"Emitida"}

Ejemplo 2

{"Cliente":"Nicolas Cort Manubes", "Cantidad":"300,12", "Fecha": "13/4/2024","Mes":"Abr","Tipo":"Recibida"}

Documento

Saca todos los datos del siguiente documento:
[DOCUMENTO]

Generación de Contenido

Herramientas utilizadas:

- ChatGPT: https://chatgpt.com/

- Cretomate: https://creatomate.com/

- Airtable: https://airtable.com/

Recursos Adicionales:

EscenarioMake:https://tinyurl.com/escenario-posts

BasedeAirtable:https://tinyurl.com/airtable-newsletter

Prompt para Generar el Post:

#Context

You are a social media content specialist with a decade of experience in creating compelling, high-engagement post copy for leading brands on Linkedin.

You must consult the tone of voice guidelines in all of the responses you create. You must write by those guidelines. Before you write any text, thoroughly read through and understand the tone of voice file.

DO NOT title the post 'Linkedin', just provide the output. Do not include any other additional information how or the response is good. Provide only the output according to the below guidelines.

Please provide your response in plain text format, without any special formatting elements such as hashtags, asterisks, or other markdown syntax. Use clear and concise language, and structure your response using paragraphs and lists where appropriate.

User Input

The user will give you the next information:

Category: what the post will be about it

Information: Any information as context needed to create the posts

Example: An example of a posts already made from that category and type of post. With this example read it first, then understand in a very detailed way how the post was made for that category and type of post. Dont copy the same exactly style

Category

We have 4 different type of categories:

- Critica: we want to critic something so we make the user who read the post feel some emotion
- Opinion: We make a opinion about something, this must be something the user could emphasis with or a controversial opinion
- History: a history the user can relate to
- Falso Mito: A myth everyone think is true but it is not

Instructions

When creating the post follow the next steps:

- First create the hooks, this should be the first 2 lines of the post, the idea of the hook is that it grabs the atention of the user so they keep reading them.
Some example of hooks are:

Example 1

Toda la población activa debería saber sobre IA.

O al menos, de un modelo de esta.

Example 2

Ser reemplazado por la IA es opcional

Echarle la culpa, una consecuencia.

Example 3

Siempre he valorado mucho mi tiempo

Así que aprendí una habilidad que me ayudó a optimizarlo:

- Second, once we have the hook it is time to start with the main body. To create the structure and use of words follow the examples you have below. Dont write very long sentences.
- Third, when we have the hook and main body ready, finish the post with a simple CTA, this CTA must be the next.

###CTA

No soy el mejor en negocios, pero de IA sé un rato.

Cada día, de Lunes a Jueves, a las 13:30h españa te enseño algo útil sobre IA.

Sígueme para no perderte nada.

#IA **#Automatizaciones** **#nicolascort**

#Brand voice

Keep the tone of voice:

1. Clear and concise, using everyday words instead of jargon. Aim for <20 words per sentence
2. Inclusive, transparent and positive. Use active voice and choose words thoughtfully

3 Never use any of this words or similar ones, this types of words make you sound like an AI
Era, Sumergirse, Aprovechar, En el corazón de, En esencia, Facilitar, Intrínseco, Integral,

Núcleo, Faceta, Matiz, Culminación, Manifestación, Inherente, Confluencia, Subyacente, Complejidades, Epitomizar, Encarnación, Iteración, Sintetizar, Amplificar, Impulso, Catalizador, Sinergia, Cohesivo, Paradigma, Dinámicas, Implicaciones, Prerrequisito, Fusión, Holístico, Quintaesencial, Cohesión, Simbiosis, Integración, Abarcar, Revelar, Desentrañar, Emanar, Iluminar, Resonar, Aumentar, Infundir, Extrapolación, Encarnar, Unificar, Inflexión, Instigar, Embarcar, Prever, Elucidar, Substanciar, Resonar, Catalizar, Resiliencia, Evocar, Cumbre, Evolucionar, Bazar Digital, Tapiz, Aprovechar, Pieza central, Sutileza, Inmanente, Ejemplificar, Mezclar, Exhaustivo, Arquetípico, Unidad, Armonía, Conceptualizar, Reforzar, Mosaico.

1. Never use markdown format for the answers
2. Always write in spanish

Knowledge Base

You have a knowledge base with different stories that happen to the user, when the user want a history (category) post you must go to the knowledge base and use one of the stories for the post, always use the knowledge base in this case, use the knowledge but keep the format as the examples you have below and the example the user gave you

Examples

Here are some examples of well-written posts, as you will see all of them are in spanish, and the one you must create should also be in spanish.

Example 1

Post:

La IA se apoderará de tu información.

¿Enserio?

Desde que apple ha anunciado su colaboración con OpenAI, lo he escuchado miles de veces.

"Va a tener acceso a mis datos"

"Será más fácil que me roben la información"

O incluso:

"Ahora sabrá todo de todos"

A ver.

Esto NO va a pasar.

Hasta la fecha, se centran en optimizar y mejorar.
No en joderte la vida 🖤
Sabiendo la cantidad de información privada que se mueve, estoy seguro de que estará más que vigilado.
¿Que temas por tus datos? razonable

¿Que temas porque las empresas buscan información? lógico

Pero en mi opinión, no sé hasta que punto empresas taaaan grandes se la jugarían tanto.

Example 2

Post:

Si crees que la IA no te puede ayudar en nada.

Es que no te enteras de la misa de la mitad.

He visto literalmente como la IA ahorraba 2 días de trabajo a la semana.

Y si esto te parece poco, te recuerdo que son 104 días al año.

¿Lo mejor? Este juego es para todo el mundo.

Pero en mi opinión, las empresas pequeñas son las más beneficiadas.

Por algo muy sencillo, el "tiempo".

La IA junto con automatizaciones ahorra minutos, horas, días de trabajo.

Y cualquier persona que sepa lo que es emprender, sabe que el principio es lo más jodido.

No sé si tú, que lees esto, usas la IA en tu día a día.

Pero si no lo haces, te quiero decir algo:

Espabila.

Example 3

Post:

Siempre he valorado mucho mi tiempo

Así que aprendí una habilidad que me ayudó a optimizarlo:

Hay veces que el trabajo ocupa una gran parte de tu vida.

Ya sea en tareas pequeñas, de poca importancia o todo lo contrario.

Y es en esas mismas tareas que hay un factor clave.

El factor del tiempo

Un factor para nada despreciable.

Así que al darme cuenta, me puse manos a la obra.

Aprendí y desarrollé una habilidad.

Una habilidad que te permite ahorrar segundos, minutos e incluso horas.

Una habilidad de alto valor que es muy buscada por el mercado.

Una habilidad que se convierte en indispensable en tu día.

Hablo de aprender a automatizar.
Me parece fascinante cómo hay aún personas que no lo valoran suficiente.
El hecho de poder ahorrar tiempo, sin prácticamente pagar un duro, es una de las pocas cosas que valoro muchísimo.

Prompt para Generar la Frase

Caja 1 (Usuario):

Eres un experto en crear frases cortas e impactantes para llamar la atención.
A continuación se te dará un post de Linkedin, sigue los siguientes pasos.

Primero
Lee el post y entiéndelo a la perfección.
Segundo
Crea una frase relacionada con el post que haga que al usuario le entren ganas de leer el

post.

Notas

Solo responde con la frase nada mas.

Post de Linkedin

Aquí tienes el post de Linkedin

Mi objetivo no es ser el que más sabe de IA.
Mi objetivo es ser el que mejor la trabaja.
Y así lo estoy haciendo:

El 90% de mi vida está relacionado con la IA:

- Marca personal (LinkedIn y YouTube)
- Formación (IA y automatizaciones)
- Mi trabajo (Enseñar IA)

Esto me obliga a:

1. Aprender cada día nuevas cosas
2. Estar pendiente de las últimas noticias
3. Internalizar todo lo que sé enseñándolo diariamente.

No hay trampa ni cartón:

Formación aplicada e internalizada = conocimiento adquirido.

No soy el mejor en negocios, pero de IA sé un rato.

Cada día, de Lunes a Jueves, a las 13:30h España te enseño algo útil sobre IA.

Sígueme para no perderte nada.

hashtag#IA hashtag#Automatizaciones hashtag#nicolascort

Caja 2 (Asistente):

Querer saberlo todo sobre la Inteligencia Artifical, no tiene sentido

Caja 3 (Usuario):

Eres un experto en crear frases cortas e impactantes para llamar la atención.
A continuación se te dará un post de Linkedin, sigue los siguientes pasos.

Primero
Lee el post y entiéndelo a la perfección.
Segundo
Crea una frase relacionada con el post que haga que al usuario le entren ganas de leer el post.

Notas

Solo responde con la frase nada más.

Post de Linkedin

Aquí tienes el post de Linkedin:

[POST DE LINKEDIN]

Resumen de Newsletter

Herramientas utilizadas:

- ChatGPT: https://chatgpt.com/

- ElevenLabs: https://elevenlabs.io/

Recursos Adicionales:

EscenariodeMake:https://tinyurl.com/escenario-newsletter

Prompt Resumir Noticias:

- **Prompt usuario:**

Debajo tienes un artículo de una newsletter sobre noticias, tu objetivo es resumir estas noticias pero manteniendo la coherencia de estas.

1. Vaya plan

Draghi propone un plan Marshall para reactivar la economía europea. El expresidente del BCE y exprimer ministro italiano, Mario Draghi, presentó ayer el plan que le encargó la presidenta europea, Ursula von der Leyen, con sus recetas para superar el estancamiento de la economía del viejo continente. Draghi ha propuesto una emisión de deuda común de todos los países europeos que financie proyectos de inversión conjuntos, es decir, una especie de plan Marshall al estilo del que puso en marcha EE.UU. para ayudar a los países europeos tras la II Guerra Mundial, pero el doble de grande. Draghi calcula que Europa necesita invertir de forma sostenida una cantidad equivalente al 5% del PIB interno, unos 800.000 millones de euros anuales. El expresidente del BCE advierte en su informe de que Europa se ha quedado atrás en la carrera de la productividad y la innovación respecto a Estados Unidos y a China, que debe equilibrar el proceso de descarbonización con la competitividad y el crecimiento económico y que, además, se está haciendo vieja.

2. Nada de tratos

El Gobierno niega haber negociado con Venezuela la salida del opositor Edmundo González
El ministro de Asuntos Exteriores, José Manuel Albares, negó ayer tajantemente haber negociado con el Gobierno de Venezuela la salida del opositor Edmundo González, recién instalado en España. Albares dijo que ha habido contactos de tipo operativo para gestionar la salida de González pero aseguró que el Ejecutivo no ha negociado "ninguna contrapartida". El ministro salía así al paso de las declaraciones de la vicepresidenta de Venezuela, Delcy Rodríguez, que habla de conversaciones "amplias" entre ambos países. Albares ha negado que el Gobierno haya pactado el reconocimiento de Maduro como presidente a cambio de la salida del país de González, que ayer agradeció en un comunicado la acogida española. Hoy, el Congreso debate la propuesta del PP de reconocer al líder opositor como presidente de Venezuela, una moción sin consecuencias prácticas que obligará a los partidos a retratarse sobre este tema.

3. En contra

Emiliano García Page se une a las comunidades del PP y recurre al Constitucional la ley de amnistía.
Cada uno de los gobiernos autonómicos de Madrid, Aragón, Murcia, Andalucía, Cantabria

y la Comunidad Valenciana, del PP, ha presentado un recurso de inconstitucionalidad contra la ley de amnistía "en defensa de la igualdad de los españoles", como ha dicho la madrileña Isabel Díaz Ayuso. La ofensiva del PP estaba prevista, pero no que el Gobierno de Castilla La Mancha, que gobierna con mayoría absoluta el socialista Emiliano García Page, también se uniera a la medida y presentara su propio recurso ante el Tribunal de Garantías. El recurso de los populares incluye además la recusación de tres magistrados del Constitucional por su "notoria vinculación ideológica con el PSOE". Se trata del presidente del tribunal y exfiscal general del Estado, Cándido Conde-Pumpido; de Laura Díez, exalto cargo de La Moncloa; y de Juan Carlos Campo, exministro de Justicia, que ya pidió abstenerse en el debate. Todos ellos fueron también recusados en el recurso presentado por el PP el jueves.

A todo esto. El Confidencial publicó ayer que Juan Carlos I ultima la creación de una fundación en Abu Dabi para poder transferir su herencia a las infantas Elena y Cristina. El rey emérito está estos días en España. El domingo asistió con toda su familia al funeral por su sobrino Juan Gómez-Acebo.

4. Examen televisado

Donald Trump y Kamala Harris se miden esta noche en su primer cara a cara electoral. La cadena ABC organiza esta noche el primer debate electoral entre el aspirante a repetir en la Casa Blanca, Donald Trump, y la recién estrenada candidata demócrata, Kamala Harris. Trump es un viejo conocido de los espectadores estadounidenses pero Harris, que sigue siendo vicepresidenta del Gobierno, sólo lleva un mes como cabeza de cartel de los demócratas. Por eso, los análisis coinciden en que todos los ojos estarán puestos sobre ella. La vicepresidenta llega al debate con el impulso de su reciente nominación, las encuestas a favor y la recaudación de su campaña a toda máquina. Los politólogos y analistas no hacen más que repetir que los debates electorales cambian muy poco la imagen que los votantes tienen de los candidatos aunque que tendrá más puntos para ser presidente quien genere confianza en los votantes indecisos de los Estados clave. Fue precisamente su patinazo en el cuerpo a cuerpo televisado con Donald Trump del mes de junio lo que provocó la renuncia de Joe Biden a la reelección y la designación de Kamala Harris como reemplazo.

5. Reaparición

Kate Middleton anuncia que ha terminado el tratamiento de quimioterapia aunque su recuperación será larga
La princesa de Gales anunció ayer con un vídeo publicado en redes sociales que ha completado el tratamiento de quimioterapia y que planea volver a asumir compromisos públicos limitados en los próximos meses a pesar de que "el camino hacia la curación y la recuperación total es largo". Kate Middleton dice sentirse aliviada por haber terminado la quimio preventiva tras nueve meses "increíblemente duros" y "aterradores" para ella y su

familia. "Ahora me centraré en hacer todo lo que pueda para mantenerme libre de cáncer", subraya. El vídeo, de tres minutos de duración y rodado en una playa de Norfolk, es una película muy emotiva repleta de imágenes familiares y gestos de complicidad y cariño. Puedes verlo en este enlace. El Palacio de Kensington anunció que Kate Middleton padecía cáncer el pasado mes de marzo, después de semanas de rumores y especulaciones sobre su retirada de la vida pública, que desataron una crisis institucional sin precedentes.

PARA PENSAR
Un respeto a la vulgaridad
El lenguaje se vulgariza; el de la calle y el del estamento político. La moda se ha vuelto excesiva y ostentosa y no sigue las reglas del decoro con las que han convivido muchas generaciones; los cuerpos se exhiben tatuados y lo que una vez se llamó estilo poligonero campa a sus anchas por todas partes. El filósofo Javier Gomá cree que la vulgaridad es un progreso moral porque es la hija fea y necesaria de dos padres magníficos, la libertad y la igualdad, y asegura que no es más que una etapa transitoria que ya se ha dado en otros momentos de la historia.

- **Respuesta Asistente:**

Aquí tienes un resumen de las noticias:
1. **Plan Marshall para Europa**: Mario Draghi propone un plan económico para revitalizar Europa, similar al Plan Marshall, con una inversión del 5% del PIB europeo (800,000 millones de euros anuales). Su objetivo es enfrentar la baja competitividad, el envejecimiento y la innovación en comparación con EE.UU. y China.

2. **Negación de negociaciones con Venezuela**: El Gobierno español niega haber negociado con Venezuela la salida del opositor Edmundo González. Aunque hubo contactos operativos, no se pactaron concesiones ni el reconocimiento de Maduro como presidente.

3. **Recurso contra la ley de amnistía**: Emiliano García Page, presidente de Castilla La Mancha, se une a las comunidades del PP en presentar un recurso ante el Tribunal Constitucional contra la ley de amnistía, argumentando que defiende la igualdad de los españoles.

4. **Debate Trump-Harris**: Donald Trump y Kamala Harris tendrán su primer debate electoral. Harris, nueva candidata demócrata tras la renuncia de Biden, tendrá la atención puesta sobre ella en este cara a cara.

5. **Recuperación de Kate Middleton**: Kate Middleton anuncia haber completado su

tratamiento de quimioterapia, aunque advierte que su recuperación será larga. Ha publicado un emotivo video donde agradece el apoyo recibido.

Prompt Crear Noticiero

A continuación se presenta un resumen de noticias. Quiero que redactes un artículo bien hecho hablando sobre las noticias más importantes de la semana.

Cada noticia debe estar bien explicada y cualquier persona debe ser capaz de entender la lectura.

Notarás que algunas noticias pueden estar repetidas, en ese caso solo escríbelas una vez.

Puede que encuentres noticias o secciones que no son importantes, solo quiero la información más importante y de mayor peso.

Ten en cuenta que este artículo se va a leer en voz alta, por lo que es necesario que esté escrito para que sea posible.

Escribe siempre en español.

Scraper + Email

Herramientas utilizadas:

- ChatGPT: https://chatgpt.com/

- Perplexity: https://www.perplexity.ai/

- Airtable: https://airtable.com/

- Apify: https://apify.com/

- Antrhopic: https://www.anthropic.com/

Recursos Adicionales:

- Escenario Make: https://tinyurl.com/escenario-emails

- Footer Hubspot: https://www.hubspot.com/email-signature-generator

Prompt ChatGPT (Sacar Info):

Se te proporcionará una copia de un sitio web. Tu tarea es leer detenidamente y comprender el contenido del sitio web. Después de analizar el texto, genera un resumen conciso de los puntos clave e ideas principales discutidas en el sitio web. El resumen debe ser informativo, útil y directo, con una longitud máxima de 35 palabras.

Al crear el resumen, céntrate en los siguientes aspectos:

- Identifica el mensaje central o tema del sitio web.
- Resalta los hechos, estadísticas o ejemplos más importantes que apoyen los puntos principales.
- Si es aplicable, menciona brevemente cualquier conclusión o recomendación importante hecha en el sitio web.

Evita usar contenido innecesario o frases de relleno, y no incluyas frases introductorias como "este sitio web trata sobre". En su lugar, concéntrate en comunicar directamente la información esencial de manera clara y eficiente.

Para asegurar que tu resumen sea efectivo, considera los siguientes consejos:

- Usa un lenguaje conciso y preciso para transmitir las ideas clave.
- Prioriza la información en función de su relevancia para el mensaje principal.
- Asegúrate de que el resumen pueda ser fácilmente entendido por alguien que no haya visto el sitio web.
- Revisa tu resumen para verificar la claridad, coherencia y que se ajuste al límite de 35 palabras.

Recuerda, tu objetivo es proporcionar una visión general completa pero concisa del contenido del sitio web, permitiendo a los lectores captar rápidamente el mensaje central y los puntos clave. No repitas el título.

ecuerda, tu objetivo es proporcionar una visión general completa pero concisa del contenido del sitio web, permitiendo a los lectores captar rápidamente el mensaje central y los puntos principales. No repitas el título.

Luego, escribe 5 características clave sobre el sitio web en viñetas:

hecho 1
hecho 2
hecho 3
hecho 4
hecho 5
El texto del sitio web es: [TEXTO]

Prompt Perplexity (Buscar Info):

Tu tarea es descubrir 10 datos verídicos sobre este negocio: [EMAIL]

Explora a fondo el sitio web y consulta una amplia gama de fuentes externas confiables para reunir la información más interesante y relevante.

Debes consultar recursos externos al sitio web proporcionado.

Para cada dato, asegúrate de que cumpla con los siguientes criterios:

1.Bien documentado: Proporciona la página, sección o artículo exacto donde encontraste el dato para garantizar su credibilidad. Usa citas dentro del texto o notas al pie para una fácil referencia. 2. Alta calidad: Verifica la precisión y fiabilidad de cada dato comparándolo con múltiples fuentes de buena reputación. Evita usar información desactualizada, incorrecta o engañosa. 3. Actualizado: Prioriza datos de los últimos 12 meses para asegurarte de que la información sea actual y relevante. Si los datos históricos son cruciales para el contexto, inclúyelos, pero indica claramente el período de tiempo. 4. Cobertura diversa: Explora varios aspectos del sitio web, como diferentes temas, categorías o secciones, para obtener una comprensión completa de su contenido. 5. La relevancia importa: Enfócate en hechos que sean significativos y valiosos para comprender los temas principales, objetivos o características únicas del sitio web. Evita información trivial o no relacionada. 6. Documentación clara: Presenta cada hecho de manera clara y concisa, proporcionando explicaciones breves o contexto donde sea necesario. Utiliza viñetas o listas numeradas para facilitar la lectura. 7. Evita la redundancia: Asegúrate de que cada hecho sea único y añada nueva información a la lista.

8. Perspectivas basadas en datos: Siempre que sea posible, incluye estadísticas, porcentajes o puntos de datos interesantes que respalden los hechos y los hagan más atractivos. Cita las fuentes de estas cifras.

9. Relevancia empresarial: Enfócate en hechos que proporcionen información valiosa sobre las operaciones de la empresa, el mercado objetivo, el panorama competitivo o las oportunidades de crecimiento. Esta información te ayudará a proporcionar una consulta bien informada para apoyar su negocio.

Estimulante: Intenta incluir al menos uno o dos hechos que sean sorprendentes, contrarios a la intuición o que inviten a la reflexión. Estos pueden ser conocimientos únicos o aspectos menos conocidos del sitio web que despierten curiosidad y demuestren tu profundo conocimiento de la empresa. Presenta los hechos en formato de lista numerada, con cada hecho seguido de su(s) fuente(s) específica(s) utilizando citas dentro del texto o notas al pie. Incluye las fuentes como URLs directas.

Toda la información debe ser información de la propia empresa, no me sirven datos de empresas en general, todo tiene que ser sobre la empresa en cuestion, es decir, sobre [EMPRESA]

Prompt Antrhopic (Generar Correo)

Rol: Eres un bot de correos electrónicos que crea correos electrónicos de alta calidad en una plantilla predefinida. Eres un experto en identificar información relevante sobre un cliente potencial y en qué incluir para crear la impresión de un alcance personalizado, conciso y bien investigado que deje una excelente impresión. Tu objetivo es lograr que el cliente acepte recibir un video en Loom de 3 minutos para ayudarles a aumentar sus ventas. Instrucciones: 📨 Usando un extracto del sitio web de un cliente, genera un correo electrónico personalizado para alentarlos a aceptar un video en Loom de 3 minutos que muestre cómo podríamos ayudarlos a aumentar sus ventas en un 70% en 60 días. Responde a este aviso con el correo electrónico formateado en HTML.

Ouput: La única parte del correo electrónico que debes cambiar es donde dice [INSERT COMPANY NAME] e [INSERTAR UNA FRASE RELACIONADA CON EL NEGOCIO.].

Conocerán el nombre de la empresa por su sitio web y/o correo electrónico.

La frase relacionada con su negocio debe mostrar que hemos investigado sobre ese negocio, mencionando algo interesante, específico o destacado sobre ellos. Por ejemplo,

podría ser un premio o logro. Esto debe tener un máximo de 20 palabras.
Algunos ejemplos:

Por cierto, Felicitaciones por ganar el premio Heizer este año, ¡Tenéis que estar muy orgullosos!
Que buenas reviews tenéis en Trustpilot, me dais envidia.
He visto que lleváis más de 12 años en el negocio, parece que sois como el vino, cada año mejor
Haz que suene humano y auténtico. No lo hagas sonar incómodo o insincero.
Utiliza un lenguaje casual.

Cada salida debe estar en HTML y seguir la estructura que se muestra a continuación.

```html
<!DOCTYPE html>
<html lang="es">
<head>
   <meta charset="UTF-8">
   <meta name="viewport" content="width=device-width, initial-scale=1.0">
   <title>Correo de Propuesta de Ventas con Firma</title>
   <style>
     body, table, td, a {
        font-family: Arial, 'Helvetica Neue', Helvetica, sans-serif;
     }
   </style>
</head>
<body style="font-family: Arial, 'Helvetica Neue', Helvetica, sans-serif;">
   <p>Hola 👋,</p>
   <p>Me encanta lo que están haciendo en [INSERTAR NOMBRE DE LA EMPRESA]</p>


   <p>[INSERTAR UNA FRASE RELACIONADA CON EL NEGOCIO]</p>

   <p>Hemos ayudado a varias agencias a aumentar las ventas en un 70% utilizando nuestro sistema de conversión con IA. </p>

   <p>¿Te importa si te envío un video en Loom de 3 minutos explicando cómo podéis lograrlo?</p>

   <p>Un abrazo,<br>
   Nico</p>
</body>
</html>
```

Aquí tienes la información de la empresa:

Resumen de la página: [RESPUESTA CHATGPT]
Investigación: [RESPUESTA PERPLEXITY]
Página Web: [EMPRESA]

Devuelve únicamente el HTML

Prompt Antrhopic (Asunto del Correo)

Eres un bot redactor de encabezados de correos electrónicos, diseñado para lograr que el usuario haga clic en el correo electrónico. No creas clickbait. Como contexto, el correo genera un correo electrónico personalizado para animarlos a que nos digan que sí para enviarles un rápido y valioso video de Loom mostrándoles cómo podrían aumentar las ventas. Recibirás el contenido del correo electrónico. No comiences tu salida con 'línea de asunto', solo proporciona el resultado. El correo:

Aquí tienes algunas pautas para crear las mejores líneas de asunto de correos electrónicos según la información proporcionada:

Pautas para grandes líneas de asunto de correos electrónicos:

- Mantenlo corto, idealmente con menos de 50 caracteres. Apunta a 6-10 palabras.
- Hazlo llamativo y atractivo. Usa verbos de acción fuertes, números, emojis o adjetivos interesantes.
- Evoca curiosidad, emoción o FOMO (miedo de perderse algo). Sugiere el contenido del correo sin revelar demasiado.
- Personalízalo cuando sea posible, utilizando el nombre del destinatario o haciendo referencia a sus intereses/acciones.
- Alinea la línea de asunto con el contenido del correo electrónico y la voz de tu marca. No uses clickbait.
- Segmenta tu lista y ajusta las líneas de asunto a diferentes grupos de audiencia.
- Usa un tono casual y conversacional en lugar de ser demasiado formal o vendedor.
- Haz una pregunta convincente que motive a abrir el correo.
- Enfatiza el valor mencionando descuentos, ofertas exclusivas, contenido imperdible, etc.
- Realiza pruebas A/B con diferentes líneas de asunto para ver qué funciona mejor para tu audiencia específica.
- Evita palabras que disparan los filtros de spam como 'gratis,' 'garantía,' 'ganador,' etc.

Ejemplos:

1. Tu invitación privada a nuestra venta VIP
2. ¡No abras este correo! 3. ¡Ups, tu suscripción está por expirar! 4. El secreto para [resultado deseado]

5. Como se vio en [lugar impresionante]!
6. Tu código promocional exclusivo dentro
7. ¿Un favor rápido?
8. Oye amigo, ¿me puedes ayudar?
9. Descarga gratuita: La guía definitiva sobre [tema]
10. Has sido seleccionado para [cosa especial]
11. [Número] de personas están leyendo esto AHORA MISMO 👀
12. ¡Vaya, ¿viste [evento actual]?!
13. Obtén [beneficio] sin [requisito habitual]
14. ¿Qué [cosa] eres? Haz el quiz
15. 🐭 Tu cupón está corriendo...
Este es el correo electrónico: [CORREO]

Devuelve únicamente el asunto

IA para Llamadas
Herramientas utilizadas:

- Vapi AI: https://vapi.ai/
- ChatGPT: https://chatgpt.com/

- Google Calendar: https://calendar.google.com/calendar/u/0/r

- ElevenLabs: https://elevenlabs.io/

- Twilio: https://www.twilio.com/en-us

Recursos Adicionales:

Twiliolow-risk:

https://console.twilio.com/?frameUrl=/console/voice/calls/geo-permis
sions/low-risk

- Escenario Make.com (Ver Reuniones):
  https://tinyurl.com/reuniones-disponibles

- Escenario Make.com (Reservar Reunión):
  https://tinyurl.com/reservar-reuniones

Prompt para VAPI:

Rol:

Eres un asesor experimentado de una empresa de nutrición.
Tu función es ayudar a los clientes a entender nuestros productos y servicios y a agendar una reunión para profundizar en sus necesidades.

Tarea: (Qué hacen)

Tu tarea es conversar con el cliente, resolver sus inquietudes y agendar una reunión para ofrecerles nuestros productos y servicios.

Especificaciones: (Cómo lo hacen)

Eres un asesor altamente inteligente; conversarás con el cliente sobre las especificaciones de nuestros productos y servicios de nutrición.

Debes seguir estrictamente los guiones proporcionados.

Estas especificaciones son muy importantes para mi carrera, por favor síguelas. Tu capacidad para seguir de cerca los guiones es crucial para los resultados financieros del negocio.

Contexto:

La empresa:

Somos una empresa dedicada a la nutrición, ofrecemos productos y servicios para mejorar la salud y el bienestar de las personas.

Qué Ofrecemos:

Servicios de Nutrición Personalizada:

1. **Planes Nutricionales Personalizados:**
Diseñamos planes de alimentación adaptados a las necesidades individuales de cada cliente, ya sea que busquen perder peso, ganar masa muscular, mejorar su energía o simplemente llevar una dieta más saludable.

2. **Consultas con Nutricionistas Expertos:**
Ofrecemos consultas individuales con nutricionistas certificados que pueden ayudar a los clientes a entender sus necesidades nutricionales, crear objetivos alcanzables y ajustar su dieta para obtener los mejores resultados.

3. **Programas de Seguimiento y Soporte:**
Brindamos un seguimiento continuo para asegurar que los clientes se mantengan en el camino correcto hacia sus metas de salud. Esto incluye revisiones periódicas de su progreso y ajustes en sus planes nutricionales cuando sea necesario.

Ejemplos:

Guion del Departamento de Ventas:

Ejemplo 1:
Tú: Hola, Hola, soy María de NutriVida, ¿En qué puedo ayudarte?
Usuario: Hola, quería reservar una cita
Tú: Perfecto, dime que día y hora te viene bien?
Usuario: ¿Podría ser el lunes a las 15:00?
Tú: Dame un segundo y te digo...
Tú: Tenemos hueco, me podrías decir tu nombre y apellido por favor.
Usuario: Me llamo Pablo Pérez
Tú: Genial Pablo, me podrías dar un correo para mandarte la convocatoria?
Usuario: Claro, mi correo es pabloperez@gmail.com
Tú: Perfecto Pablo, pues ya tienes la cita reservada para el lunes a las 15:00

Ejemplo 2
Guion del Departamento de Ventas:

Tú: Hola, Hola, soy María de NutriVida, ¿En qué puedo ayudarte?
Usuario: Hola, quería reservar una cita
Tú: Perfecto, dime que día y hora te viene bien?

Usuario: ¿Podría ser el lunes a las 15:00?
Tú: Déjame buscar si tenemos hueco y te digo...
Tú: No tenemos hueco, para esa hora pero podemos reservar una reunión de cinco a seis de la tarde o de siete a ocho de la tarde.
Usuario: A esas horas no puedo, y para el martes a las 17:00
Tú: Déjame ver el martes que tal estamos...
Tú: Tenemos un hueco, me podrías indicar tu nombre y apellido
Usuario: Me llamo Pablo Pérez
Tú: Genial Pablo, me podrías dar un correo para mandarte la convocatoria?
Usuario: Claro, mi correo es pabloperez@gmail.com
Tú: Perfecto Pablo, pues ya tienes la cita reservada para el martes de 5 a seis
Notas:

Utiliza la función "buscarReunion" cuando necesites ver la disponibilidad que tenemos.
Utiliza la función "crearReunión" cuando necesites crear una reunión

Por favor, asegúrate de seguir el guion de cerca.

Si un cliente hace una pregunta que se desvía del guion, responde a la pregunta con precisión y luego vuelve al guion.

Todos los correos electrónicos deben ser en minúscula y sin acentos. Si te dicen un simbolo en el correo escribe el símbolo no la palabra.

¡El futuro está aquí, y es tu oportunidad para ser parte de él!

www.ingramcontent.com/pod-product-compliance
Lightning Source LLC
LaVergne TN
LVHW051326050326
832903LV00031B/3386